歴史文化ライブラリー
119

黒船来航と音楽

笠原 潔

吉川弘文館

原則として、初版で掲載した口絵は割愛しております。

目次

洋楽流入史の中の黒船来航

衝　撃

嘉永六年六月三日（一八五三年七月八日）、四隻の黒船が三浦半島沖に姿を現した。

アメリカ合衆国海軍東インド艦隊司令長官マシュー・カルブレイス・ペリーの率いる日本遠征艦隊の到来であった。

蒸気船サスケハナ号・ミシシッピー号、帆船プリマス号・サラトガ号からなる艦隊は、あわてふためく日本人を後目《しりめ》に江戸湾に侵入し、夕方、浦賀沖に投錨《とうびょう》した。

「太平の眠りを覚《さ》ます」と謳《うた》われ、幕藩体制崩壊のきっかけをもたらした黒船艦隊の来航は、同時に、日本への洋楽流入の歴史の新たな幕開けを告げる出来事でもあった。

洋楽流入の波

日本が初めて西洋音楽に接したのは、戦国時代後期から江戸時代初期にかけての、いわゆる「キリシタン時代」であった。

この時代に日本に流入してきたのは、ルネサンス時代後期からバロック時代初期にかけての主として南ヨーロッパのカトリック圏の音楽であった。

次いで、江戸時代に洋楽流入の第二の波がやって来た。そのうちの一波は、オランダからバタヴィアを経て長崎・出島へと到達した。江戸中期に蘭学が興隆すると、蘭学者をはじめとする文人たちの目は、西洋の音楽にも向けられるようになった。

ちょうど折しも、ロシアの極東進出に伴って日露の接触が始まり、そうした状況の下で、十年にも及ぶ漂泊の後、寛政四（一七九二）年に帰国した大黒屋光太夫《だいこくやこうだゆう》ら、ロシアからの帰還民たちは、かの地で見聞した最新の音楽情報を日本に伝えるとともに、数曲のロシア歌謡を持ち帰った。この時代、西洋の音楽情報は、北方ルートからも入ってきたのである。その結果、文人たちの西洋の音楽に対する関心はいっそう高まった。

彼らが接したのは、おおむね、西洋の古典派時代の音楽に関する情報であった。

しかし、この洋楽受容の第二の波は、前野良沢《まえのりょうたく》（一七二三―一八〇三）、桂川甫周《かつらがわほしゅう》（一七五一―一八〇九）、杉田玄白《すぎたげんぱく》（一七三三―一八一七）、大槻玄沢《おおつきげんたく》（一七五七―一八二七）といった蘭学界の大物たちが世を去ったことに加えて、天保十（一八三九）年に勃発した「蛮《ばん》社《しゃ》の獄《ごく》」事件に象徴される反洋学の気運もあって、退潮した。

そうしたところに起こったのが、ペリーの率いる黒船艦隊の来航であった。

彼らは、洋楽流入の第三の波を日本にもたらした。そして、この波が、今日まで続く日本の洋楽文化の基礎となったのである。

彼らがもたらしたのは十九世紀半ばのアメリカの音楽文化であった。西洋音楽史の上でいえば、中期ロマン派の時代にあたる。ただし、中期ロマン派時代のアメリカの音楽文化といっても、そこには、ルネサンス時代以来の宗教音楽の伝統や、独立戦争以前からのアメリカの音楽文化が流れ込んでいた。彼らはそうした音楽文化を日本に持ち込んだのであった。

画家ハイネ　ペリーの日本遠征が、西洋音楽史上の中期ロマン派時代に行われたことを端的に示す人物がいる。嘉永六（一八五三）年・七年の二度の日本遠征時に画家として活躍したヴィルヘルム・ハイネ（一八二七―一八八五）がその人である。

ハイネが日本滞在中に描いた水彩画は、ペリー遠征隊の公式報告書（以下、『遠征記』）に載せられた版画や、その後に刊行された石版画の原画となり、ペリー一行の日本遠征の様子や当時の日本の風物を伝える資料としてよく知られている。

このドイツ生まれの画家が、なぜアメリカ艦隊に加わっていたかというと、そこには次のような経緯があったことを、ハイネの日本遠征中の手記（『ハイネ　世界周航日本への旅』）を訳した中井晶夫氏は伝えている。

ハイネの父フェルディナント（一七九八―一八七二）はドレスデン宮廷劇場の俳優であった。同僚に、リヒャルト・ヴァーグナー（一八一三―一八八三）の継父（じつは実父でもあったとの噂もある。少なくとも、ヴァーグナーは長いこと、そう信じていた）であったルートヴィヒ・ガイヤー（一七八〇―一八二一）がいた。フェルディナントとガイヤーは、ドレスデンのドイツ歌劇場音楽監督を務めていたカルル・マリア・フォン・ヴェーバー（一七八六―一八二六）らも交えて、一緒にピクニックを楽しむ仲であったという。そうしたところから、フェルディナントはガイヤー家（ヴァーグナー家）に親しく出入りし、少年時代のヴァーグナーのよき話し相手であった。

若い頃のヴァーグナーは、作曲家としての才能がなかなか認められず、借金ばかりを重ねていた。そうしたヴァーグナーが歌劇『リエンツィ』の初演に最後の望みを託して一八四二年にドレスデンに戻ってきたとき、温かく出迎えたのがフェルディナントであった。

『リエンツィ』の成功によって、ヴァーグナーは、翌年、ドレスデン宮廷指揮者に就任した。

フェルディナントは画才、なかでも衣裳デザインの才能に恵まれており、一八四二年の『リエンツィ』や一八四五年の歌劇『タンホイザー』のドレスデン初演の際の衣裳は彼がデザインしたものであったという。そうした父の才能を受け継いだヴィルヘルムは、パリ留学後、一八四八年にドレスデン宮廷歌劇場の美術職に応募した。そのときに課せられた画題は、初演間近に迫ったヴァーグナーの歌劇『ローエングリン』の舞台の書き割りプランであったという。

そうしたハイネの就職も、『ローエングリン』の初演も、一気に吹き飛ばしたのが、一八四九年に起こった「ドレスデン蜂起」であった。フランスにおける二月革命の余波として生じたこの動乱の際、ドレスデン潜伏中のロシアの革命家バクーニン（一八一四―一八七六）とも親交を結んでいたヴァーグナーが、市民に武器庫への進撃を呼び掛けて聖十字架教会の鐘楼の鐘を乱打したことはよく知られているが、そのとき、傍《かたわ》らに付き添っていたのが若きハイネであった。

暴動鎮圧後、バクーニンは捕らえられ、ヴァーグナーはスイスに逃亡し、ハイネはアメリカに亡命した。ハイネはここで画才を見込まれて、ペリー遠征隊付きの画家に指名されたのである。

こうしたハイネの経歴は、ペリーの日本遠征がまさに「ドレスデン蜂起」直後の、西洋音楽史の上でいえば中期ロマン派の時代に行われたことをよく物語っている。ヴァーグナーが亡命先のチューリヒで、四夜からなる楽劇《がくげき》『ニーベルンクの指輪』の最初の二夜『ラインの黄金』と『ヴァルキューレ』の創作に励《はげ》んでいた頃、ハイネはペリー遠征隊に加わって日本で画筆を揮《ふる》っていたのであった。

横浜での再会

ハイネは、その後さらに二度来日した。三度目の来日は、プロシャが日本に派遣したオイレンブルク使節団に同行したとき（一八六〇―一八六一年）であり、四度目は、オイレンブルク使節団の職務を離任した後、アメリカに向かうための船便を横浜で待っていたとき（一八六一年七月―九月）である。ハイネは、そのとき、投宿先の「横浜ホテル」で、シベリアの収容所から脱走してきたバクーニンと十二年ぶりに再会した。

ハイネとバクーニンが再会した「横浜ホテル」は、オランダ人の元船長フーフナーゲルが安政六（一八五九）年の横浜開港直後に横浜居留地に開いた日本で最初の洋式ホテルであった。横浜浮世絵の作者として知られる橋本玉蘭斎《ぎょくらんさい》（五雲亭貞秀《さだひで》。一八〇七―一八七九？）が文久元（一八六一）年頃に作成した「御開港横浜大絵図二編　外国人住宅図」には「オランダ五番　ナツシヨウホイス」として建物が描かれている。「ナッショウ」とはフーフナーゲルが下船するまで船長を務めていた船の名前であり、「ホイス」は英語の「ハウス」にあたる。

この建物は、慶応二（一八六六）年に起こった横浜大火、いわゆる「豚屋火事《ぶたや》」で焼失した。復興後、地籍番号は七〇番地と改められた。「豚屋火事」を機会に、横浜居留地の地籍番号は、それまで使われていた居住者の国籍別の番号から、居住者の国籍に拠《よ》らない通し番号に変更されたのである。この番号は現在の地番にまで引き継がれている。したがって、「横浜ホテル」があった場所は、現在の地番でいうと、横浜市中区山下町七〇番地ということになる。横浜を代表するグルメ・スポットの一つとして知られるレストラン「かおり」が建っている場所である。ここで、ハイネとバクーニンが、「ドレスデン蜂起」以来十二年ぶりに再会したのである。二人は、一緒の船でアメリカに向かった。二人は、幕末の横浜でどんなことを語り合ったのであろうか。日本でいえば文久元（一八六一）年のことで、新選組結成の二年も前の話になる。

このように、幕末の洋楽流入の歴史には、西洋の歴史が色濃く影を落としている。その意味では、黒船来航の舞台となった浦賀や久里浜、横浜・下田・箱館の各湾の水は、ニューヨーク、ワシントン、ボストンといったアメリカ東部諸都市の港ばかりでなく、遠くエルベ川を遡《さかのぼ》って革命以前のドレスデンにまで通じていた。

そうした状況の下で、ペリーの黒船艦隊の来航時、どのような音楽が演奏されたのであろうか。その問題をこれから解明していきたいと思う。

なお、本書では、出典を挙げるのに、巻末の参考文献の項に示した略称を用いて、なるべく本文に組み込む方法を取った。また、引用に際しては、読みやすいように原文表記を改めた。原文に関しては、参考文献に示した原典を参照されたい。必要と思われる個所には筆者の注を〔 〕内に示した。

また、終章のミンストレル・ショーに関する記述には、人種差別に関わる用語が出て来る。歴史資料に記された用語なので、その点御理解の上、御寛恕いただきたい。

一八五三年七月　浦賀

10

艦上礼拝

投錨

一八五三年（嘉永六）七月八日夕刻、浦賀沖に停泊した黒船艦隊は、さっそく日本の番船（警備艇）に包囲された。

旗艦サスケハナ号に乗り込んだ浦賀奉行所与力《よりき》の中島三郎助《なかじまさぶろうすけ》とオランダ通詞の堀達之助《ほりたつのすけ》は、ペリーの副官コンティー大尉から、今回の来航目的がアメリカ合衆国大統領の親書を日本の皇帝（将軍）に手渡すことにあること、提督は幕府の最高役人以外の人物とは会見する意志のないことを告げられた。

翌日から、中島の上司を名乗る香山栄左衛門《かやまえいざえもん》とアメリカ側との間で折衝が始まった。香山は、じつのところ、中島と同じ浦賀奉行所与力にすぎなかったが、不思議とアメリカ側の信頼を勝ち得ることに成功し、協議は順調に進められた。それと並行して、江戸でも老中たちによる評議が続いた。

交渉の末、親書受け渡しは、七月十四日（邦暦六月九日）に、浦賀とは岬一つを隔てた久里浜で行われることになった。

大統領親書の受け渡し場所を巡って日米間の協議が続けられている間にも、艦上では奏楽活動が行われていた。

賛美歌『旧百番』

七月十日（邦暦六月五日）は日曜日であった。この日の艦上礼拝の模様を、ミシシッピー号乗組員として二度にわたる日本遠征に参加したスポルディングは次のように記している。

日中、揚錨機《ようびようき》のある場所がいつものように片付けられた後、本が配られ、従軍牧師が「エホバの畏《おそ》るべき御座《みくら》の前で、諸人《もろびと》よ、聖《きよ》き喜びを以《もっ》て頭《こうべ》を垂《た》れよ」で始まる賛美歌を歌い出した。多数の乗組員たちの美しい歌声と軍楽隊の奏する低音楽器の伴奏に支えられて、彼は、異教の寺々を眺めながら、そしておそらくは読経《どきよう》の声を耳にしながら、『旧百番』を太古の海の深い響きのように歌い納めた。

ここには、二つの賛美歌の名前が出てくる。

『エホバの畏るべき御座の前で Before Jehovah's Awful Throne』は、アイザック・ワッツが旧約聖書の詩篇第一〇〇番に基づいて作詞した賛美歌である。一七一九年に刊行された賛美歌集が初出である。

賛美歌『旧百番 Old Hundredth』は、ド・ベーズが韻文訳した詩篇第一〇〇番の歌詞にルイ・ブルジョワが一五五一年に作曲した旋律に、一五六一年、ウィリアム・キースが「全地の人々よ All people that on earth do dwell」で始まる、より長い英語の歌詞を付けたものである。一六九六年に出版された賛美歌集で詩篇第一〇〇番には別な旋律の賛美歌が収録されたため、それ以降は『旧百番』の愛称で親しまれるようになった。英語圏では今なお広く親しまれている賛美歌であり、一八五四年のペリー第二回来航時にも、二月十九日（嘉永七年一月二十二日）に横浜沖停泊中のミシシッピー号艦上で行われた日曜礼拝の中で歌われたことが、二度にわたる日本遠征時に日本語通訳として活躍したウェルス・ウィリアムズの記録から分かる。

スポルディングの記録は、一見したところ、当日、二曲の賛美歌が歌われたことをいうもののように見えるが、じつのところは「エホバの畏るべき御座の前で」の歌詞を『旧百番』の旋律に載せて歌ったことをいったものと思われる。というのは、「エホバの畏るべき御座の前で」という歌詞は、この賛美歌を『旧百番』の旋律に合わせて歌うときのバージョンであり、オリジナルの旋律で歌うときには歌詞は「主エホバの御座の前で Before the Lord Jehova's throne」となるからである。賛美歌『旧百番』の旋律に合わせてこの歌詞を歌う例は、十九世紀の賛美歌資料に見ることができる。

ともあれ、幕末の日本で、ルネサンス時代後期にまで旋律が遡《さかのぼ》る賛美歌が歌われたのであった。

久里浜での奏楽

親書受け渡し式

一八五三（嘉永六）年七月十四日、大統領親書の受け渡し式が久里浜で行われた。日本側の応接委員を務めたのは、二人の浦賀奉行、戸田伊豆守と井戸石見《いわみ》守であった。

当日、先陣を切って上陸したのは、サスケハナ号艦長ブキャナン中佐であった。それに続いて海兵隊、水兵、士官など二百数十名が上陸して調練・調楽《ちょうがく》を行った後、ペリーが上陸して仮設応接所に向かっての行進が始まった。

この行進の模様を、通訳のウィリアムズは、次のように記している。

ゼイリン海兵隊少佐指揮の海兵隊が先導隊となり、彼は抜刀《ばっとう》して先頭に立った。続いて水兵の半数が軍楽隊と共に進み、軍楽隊はこれら二隊の間で吹奏を開始した。背の高い重装備の黒人兵二名が、これまた背の高い提督旗旗手を護衛し、その後を大統領親書と全権委任状を納めた箱を赤羅紗《らしゃ》で包んで奉持する二人の少年が続いた。提督は、軍帽を被《かぶ》ったアダムス参謀長とコンティー大尉に守られて歩み、通訳と書記がこれに続き、その後にブキャナン艦長と華やかな服装の士官の隊列が従った。士官の肩章やボタンなどが陽光を受けて、まぶしくきらめいた。水兵の一隊と軍楽隊がスラック海兵隊大尉指揮の海兵隊といっしょに続き、このすばらしい護衛隊の後衛の役を果たした。

一行は、香山栄左衛門と中島三郎助に案内されて応接所に到着し、ペリー以下の幕僚は応接所に入った。

親書受け渡し式そのものは三十分足らずで終わり、軍楽隊が愛国歌を奏するなか、ペリーの乗ったボートは岸を離れた。

この大統領親書受け渡し式の模様を、日本側史料は次のように記している。

将官〔＝ペリー〕小船に乗移り、久里浜へ着岸。此《こ》の時楽人奏楽これあり候《そうろう》。それより差図《さしず》これあり、なおまた奏楽にて客殿の左海岸の方へ備えを繰り込み申し候。足並みよく揃《そろ》い、号令に随《したが》い、進退の律、よく調《ととの》い申し候。右繰り込み残らず相済《あいす》み候上、将官のもの音楽にて参り、呈書《ていしょ》は二箱、いずれも猩々緋《しょうじょうひ》の服紗《ふくさ》に包み、上官のもの先へ持ち参り候。請方《うけかた》の儀は拘《かか》わり合いこれ無き候間《あいだ》、相分《あいわ》かり申さず。帰船の節は、将官小船へ乗込みにて、小筒《こづつ》備え追々退去、最前のごとく、音楽にて引き払い申し候。(『奉行所』四所収「嘉永癸丑《みずのとうし》歳六月　夷船渡来記」。『奉行所』二所収「異国（船）入津対話」および『古文書』一所収「北米使節浦賀渡来聞書」にほぼ同文がある）

「請方の儀は拘わり合いこれ無き候間、相分かり申さず（親書受け渡しには立ち会わなかったので、詳しいことはよく分からない）」と記していることから分かるように、執筆者は、ペリー一行の久里浜上陸には立ち会ったものの、応接所内には入らず、親書受け渡し式の間、屋外にとどまっていた。史料の出所からして、彼が、当日、屋外警備にあたっていた浦賀奉行所の関係者であることは確実であるが、こうした記述や、この記録に黒船に装備された大砲に関する精緻《せいち》な偵察報告が載せられていること、また、久里浜上陸直後に上陸部隊が行った軍事調練に関して「其《そ》の語、蘭語差図《さしず》と同様にて良く相分かり申し候（アメリカ士官の号令はオランダ語の号令とほぼ同じだったので、よく分かりました）」と記されていることなどから、この記録の執筆者は浦賀奉行所の砲術師範で当日は銃兵を率いて屋外警備にあたっていた下曾根金三郎《しもぞね》（高島秋帆《しゅうはん》の高弟で西洋の兵装や洋風調練に精通していた）にほぼ間違いない、と筆者は考えている。

なお、文中にはアメリカ軍部隊が、上陸後、「客殿の左海岸」に向かったと書かれているが、これは「海側から見て左手の海岸」に行進していったことを意味する。そのことは、現地に立ってみると分かる。久里浜海岸の（海側から見て）右手では平作川《ひらさく》が海に流れ込んでおり、そちらの方向に進むことはできない。兵列は海岸の左手にいったん蛇行《だこう》した後、応接所に向かったのである。そうした様子は、上陸の模様を日本人絵師が描いた図からも確認される。

ペリー一行の上陸の模様は、他の史料には次のようにある。こちらは、当日諜報活動にあたっていた薩摩藩士の竹下清左衛門と杉田与右衛門の報告である。

一、今日久里浜にて、異人上陸するや否や音楽をいたし、太鼓を打ち立て、並びに備え押しの次第、中々人間わざと見え申さず、壱人《いち》にて走り廻《まわ》るよりも自由にて、平常の存慮には斯様《かよう》には相い調《ととの》え申すまじきと存じ候ところ、驚き入りたるものに御座候。

一、太鼓の打ち様《よう》、トントントントントントトトン大いに面白き打ち様也。

一、帰陣の節は、音楽別にかわり候也。(『奉行所』四所収「浦賀見聞録」から抜粋)

当日の警備は幕府の譜代《ふだい》・親藩《しんぱん》大名が担当し、薩摩のような外様《とざま》藩は担当から外《はず》されていた。そのため、この二人の薩摩藩士の報告も、傍観者の立場から書かれているせいか、どことなくのんびりした雰囲気をただよわせている。その分、太鼓の打ち様《よう》は「トントントントントトトン」というものであったと記したり、上陸時と帰途とでは音楽が替《か》わったと記すなど、余裕を持った観察ぶりがうかがわれる。

当日の上陸行進の模様を記した史料には、太鼓連打の様子を「東都山王《さんのう》祭りの如《ごと》く」と記した史料などもあり(『古文書』一所収「維新史料所収　浦賀日記」)、西洋音楽を初めて耳にした日本人の反応が伝わってきて面白い。

『ヤンキー・ドゥードゥル』

このとき演奏された曲が何という名前であったか、日本側史料の執筆者たちは知る由《よし》もなかったが、ハイネは、親書受け渡し式の帰途、鼓笛隊が『ヤンキー・ドゥードゥル Yankee-Doodle』を演奏したと記している。

『ヤンキー・ドゥードゥル』、すなわち日本では「アルプス一万尺」の歌詞で知られているあのメロディーである。幕末の久里浜で、なんと「アルプス一万尺」のメロディーが鳴り響いたのであった。

薩摩藩士のいう「帰陣の節は、音楽別にかわり候也」というのは、軍楽隊に替わって、鼓笛隊がこの『ヤンキー・ドゥードゥル』を演奏したことをいうものかもしれない。

アメリカ愛国歌

『遠征記』は、親書受け渡し式後、軍楽隊がさまざまな愛国歌《ナショナル・エアーズ》を演奏するなか、ペリーのボートが陸を離れたことを記している。浦賀奉行所の記録にいう「帰船の節は、（中略）音楽にて引き払い申し候」というのは、軍楽隊によるこの愛国歌の演奏をいうものであろう。

アメリカの愛国歌とは、アメリカ独立戦争の前後から愛唱されてきた一連の愛国唱歌をいう。

ペリーが来航した時点での代表的な愛国歌としては、先に挙げた『ヤンキー・ドゥードゥル』のほかに、『ヘイル・コロンビア Hail Columbia』、『我が国は汝のもの My Country 'tis of Thee』、今日のアメリカ国歌である『星条旗 Star-Spangled Banner』などが挙げられる。

『ヘイル・コロンビア』は、一七八九年のジョージ・ワシントンの大統領就任式に向けてフィラデルフィアのヴァイオリン奏者フィリップ・フィロが作曲した『大統領行進曲

President's March』に、一七九八年にジョゼフ・ホプキンソンが歌詞を付けたものである。この日もペリー到着と同時に演奏されたことを、スポルディングは記している。

『星条旗』は、イギリス人ジョン・スタッフォード・スミスがロンドンの「アナクレオン協会」(ヨーゼフ・ハイドンも客演したことのある音楽愛好家協会)のために作曲した協会歌『天上のアナクレオンに To Anacreon in Heaven』の旋律に、一八一四年、フランシス・スコット・キーが新たに歌詞を付けたものである。『天上のアナクレオンに』や、その旋律に別な歌詞を付けた歌は、アメリカ合衆国では独立戦争以来愛唱されてきたが、その旋律に『星条旗』の歌詞が付けられたのは、次のような経緯による。

ナポレオン戦争中、アメリカ合衆国は中立を宣言したが、そのためかえってイギリスから敵対視され、一八一二年六月、ついにイギリスと開戦した。

一八一四年八月、イギリス軍は突如首都ワシントンに侵攻し、次いで、捕虜に先導させてボルティモア攻略に向かった。捕虜解放交渉に向かったキーは、解放には成功したものの、身代わりにイギリス軍艦内に留められて、ボルティモア港外のマクヘンリー要塞《フォート・マクヘンリー》に対する砲撃を艦内から観戦させられるはめになった。

九月十三日夜半から始まったイギリス軍の砲撃は熾烈《しれつ》を極《きわ》め、イギリス将兵の誰もが要塞には間もなく白旗が掲げられるものと予想した。しかし、夜明けとともに彼らが目にしたのは、朝日を浴びて翩翻《へんぽん》と翻《ひるがえ》り続ける星条旗であった。イギリス軍は、攻略失敗を認めて退却した。

砲煙の中、朝日に輝く星条旗の雄姿に感動したキーが、解放後、『天上のアナクレオンに』の旋律に合わせて綴ったのが、『星条旗』の歌詞であった。この歌は、一九三一（昭和六）年、アメリカ合衆国連邦議会によって国歌に制定された。

なお、このとき、マクヘンリー要塞に掲げられていた星条旗は、今日でも目にすることができる。首都ワシントンの国立アメリカ歴史博物館の建物中央のギャラリーで、三十分に一回、国歌の演奏に合わせて姿を現す国旗がそれである。元は縦三〇フィート（九・七五メートル）、横四二フィート（一二・八メートル）もあった巨大な旗であるが、現在、横が八フィート分失われており、修復が進められている。アメリカ合衆国を構成する州を表す星の数は、まだ、十五個しかない。

もう一つの愛国歌『我が国は汝のもの』は、イギリス国歌『ゴッド・セイヴ・ザ・キング（もしくはクィーン）』の旋律に、一八三一年、サミュエル・フランシス・スミスが作詞したものである。これもアメリカで広く親しまれている愛国歌である。

映画『ウエストサイド物語』で、ポーランド系移民の不良少年団である「ジェット団」とプエルトリコ系移民の不良少年団である「シャーク団」のメンバーがドラッグ・ストアー「ドクの店」で決闘の相談をするシーンがある。そこに警察官が踏み込んで来て「シャーク団」は追い払われてしまうのであるが、そのとき、彼らがふてくされて口笛で吹きながら退場するのが、この旋律である。

この場面を見て、「シャーク団」の面々がなぜイギリス国歌を口笛で吹きながら「ドクの店」から出ていくのか、不思議に思われた方もいるのではなかろうか。

じつは、「シャーク団」は、この旋律を、イギリス国歌『ゴッド・セイヴ・ザ・キング』の旋律としてではなく、アメリカの愛国歌『我が国は汝のもの』の旋律として吹いたものと思われる。そのように解釈する方が、この場面の理解としては適切であろう。「我が国は汝のもの」と言いながらも、そこから自分たちプエルトリコ系住民ははじき出されているではないか――そうした抗議の意志を込めて、彼らはこの旋律を吹いたものと考えられる。

応接所からの帰途、こうした愛国歌のうちのどれを軍楽隊が演奏したかは分からない。史料には national airs と複数形で示されているのみで、具体的な曲名は記されていない。

国歌の問題

愛国歌の問題と連関して、ペリー来航時には国歌としてどの曲が演奏されたか、という問題がある。

というのは、先に述べたように、ペリー来航時にはアメリカ国歌が決まっていなかったからである。『星条旗』が一九三一年に国歌と定められるまで、公式の場では上記のような愛国歌のうちのどれか一つが、準国歌として、国歌扱いされて演奏された。

それでは、ペリーが来日したとき、どの曲が国歌として演奏されたのであろうか。

ペリーが一八五二年に日本に向けてアメリカを出港してから、日本および琉球遠征を終えて一八五四年に帰途につくまでの記録を調べていくと、公式の場では『ヘイル・コロンビア』と『星条旗』が演奏されたことが分かる。なかでも『ヘイル・コロンビア』は、一八五三年六月六日のペリーの首里入城、同年七月十四日の久里浜での親書受け渡し会場への入場、一八五四年三月八日の横浜での交渉会場への入場など、遠征期間中の重要な場面で必ず演奏されている。これに対して、『星条旗』は、文字通り、国旗である「星条旗」に対する表敬音楽として演奏されたようである。

この点に連関して興味深いのは、ハイネの手記である。彼は、一八五四年三月八日の横浜上陸時の記録の中で、「音楽隊は国歌『ヘイル・コロンビア』を演奏した」と、『ヘイル・コロンビア』を明確に「国歌」と呼ぶ一方で、一八五四年七月四日に那覇で行われた独立祝典の記事では「もう一人の士官が美しい国民歌『星条旗』を歌い出すと」と、『星条旗』を「国民歌」（「愛国歌」に同じ）と呼んでいる。

当時のアメリカ合衆国内における『星条旗』と『ヘイル・コロンビア』の儀典上の取り扱いについては知らないが、少なくとも、ハイネは、今日のアメリカ国歌である『星条旗』ではなく、『ヘイル・コロンビア』をアメリカ国歌として認識していたことが分かる。幕府の役人たちも、ハイネと同様、『星条旗』ではなく、『ヘイル・コロンビア』の方を国歌として受けとめていたのではなかろうか。

楽器編成

久里浜上陸時の鼓笛隊編成

ペリーの久里浜上陸時、音楽隊の編成はどのようなものであったか。遠藤宏の『明治音楽史考』（有朋堂、一九四八年。復刻版、大空社、一九九一年）によれば、「信州伊奈町図書館蔵のペルリ来航次第の古文書」には、「六月九日アメリカ人蒸気船二艘を久里浜沖に廻《まわ》しバッテイラ（=ボート）十四艘に打ち乗り上陸せり、云々」と記され、さらに次のような記事が載せられているという。

一、組よりなる鳴物十七人、何《いず》れも子供なり
一、大太鼓役　一人　服緋股引《ふくひももひき》白
一、小太鼓役　一人　同

一、横笛、横ノ笛　三人　同
一、チャルメラ　二人　同
一、竪笛役《たてぶえ》　二人　同　長サ五寸程
一、曲笛役《まがりぶえ》　二人　同
一、鐃《にょう》　二人　同

文中に「何れも子供なり」という記述があることから、これは、久里浜に上陸した少年鼓笛隊の人数を記したものであることが分かる。「十七人」と書かれているが、計算してみれば分かるように、正しくは「十三人」である。どこかの段階で誤写が生じたのであろう。

「鐃《にょう》」は、仏教用語でシンバル。「横笛、横ノ笛」は、鼓笛隊である以上、ほぼ確実にファイフであろう。「曲笛」はおそらくトランペットと思われるが、ひょっとすると、無弁ビューグルであったかもしれない。「竪笛」は、「長サ五寸程」とあるので、おそらくフラジオレットと思われる。そうなると、「チャルメラ」はオーボエかクラリネットであったと推察される。

文中に「同」という文字が繰り返されているのは、彼ら少年鼓笛隊員が、一様に「服緋股引白」、すなわち赤い上着に白ズボンを着用していたことを意味する。鼓笛隊員が当日赤い上着を着ていたことは、「提督が上陸する地点には、右にわれわれの海兵隊が、左に水兵が、それぞれ二列に並んだ。赤い上着を着こんだ通常の鼓笛隊のほかに、それぞれの隊には軍楽隊がついていた」というハイネの記述からも確認される。

これが、ペリーの久里浜上陸に随行した少年鼓笛隊の陣容であった。

軍楽隊編成　一方、大統領親書受け渡し式が行われている間の日米双方の人員配備の状況を記した見取り図（『古文書』一に所収）には、会場外に待機するアメリカ軍の隊列の二ヵ所に、それぞれ十三名ずつからなる「アメリカ軍楽人」の群があったことが記されており、さらに、その編成は「大太鼓一、小太鼓三、大ラッパ二、小ラッパ二、横笛二、竪笛二、カネ一」からなっていたことが記されている。先の鼓笛隊とは楽器編成が異なるところから、これが当日上陸した二組の軍楽隊、すなわちミシシッピー号軍楽隊とサスケハナ号軍楽隊であったことが分かる。軍楽隊がこの二隻に配備されたのは、二隻の蒸気船の排水量が大きく、多くの人員を収容することができたことによるものと思われる。

軍楽隊の楽器編成のうち、「カネ」がシンバルであることは確実であるが、大小のラッパ、横笛、縦笛がそれぞれどの楽器にあたるのかはよく分からない。ペリーは、日本遠征に先立つ琉球遠征中、一八五三年六月二十八日（嘉永六年五月二十二日）に、琉球王国摂政を務めていた宜野座按司《ぎのざのあんじ》の尚宏勲《しょうこうくん》を那覇停泊中の旗艦サスケハナ号に招いて饗宴を催し、饗宴の最後にフラジオレット、オーボエ、クラリネット、ピストン付きコルネットの独奏を披露したことが記録されている（『遠征記』）。したがって、これらの楽器が日本にも舶載されたことは確かであるが、この見取り図にいう「竪笛」がオーボエ、クラリネットのうちのどちらに相当するのか、ピストン付きコルネットが大小のラッパのうちのどちらに該当するのかは不明である。

　嘉永六年六月九日に久里浜に上陸した音楽隊の人数とその編成に関しては、これ以外の数値を記した日本側史料もあるが、この二つの史料に記された数値が最も正確と思われる。というのは、ウィリアムズは、当日上陸した音楽隊の人数を「四十名」と報告しているからである。この数字は、各十三名からなる鼓笛隊一組、軍楽隊二組、計三十九名を概数で言ったものか、もしくはそれに、第一回来航の後、八月にマカオで死亡したミシシッピー号軍楽隊指揮者一名を加えた数字と思われる。

　なお、七月十日のミシシッピー号艦上での日曜礼拝の際、賛美歌歌唱の伴奏に用いられたという「軍楽隊の低音楽器」に相当する楽器は、上記の見取り図に記された軍楽隊の楽器編成の中に見あたらない。この楽器は、ペリーの久里浜上陸の際には艦内に置いていったものと思われる。

図像史料

『古文書』一所収の見取り図にいう軍楽隊編成のうち、「大ラッパ」「小ラッパ」「横笛」「竪笛」がそれぞれどのような楽器であったかは、日本側文字史料からは分からない。アメリカ側の公刊史料にも記録が見あたらない。そうしたところから、文字史料の欠を補うものとして期待されるのが、ペリー来航時に日本側で作成された図像史料である。

描かれた軍楽隊

しかしながら、ペリー第一回来航時に作成された日本側図像史料で、アメリカ軍楽隊の楽器編成を伝える良質な史料はない。

ペリー第一回来航時に日本側で作成された図像史料でよく知られているものに、久里浜

図１　久里浜上陸行進の図（「北亜墨利加蒸気船渡来図」津山洋学資料館蔵）

上陸時の行進の模様を描いた図（図1）と、楽器をはじめとするさまざまな器物や軍人たちの姿を描いた図（図2）とがある。どちらも多数の模写が残っており、前者には同時代の瓦版もある。

ペリー一行の行進の模様を描いた図には、先頭に小太鼓奏者、その次に小型ラッパの奏者（手前）と星条旗を掲げた旗手（奥）、三列目に二人の大型ラッパ奏者が描かれている。この絵から、先に挙げた見取り図にいう「大小のラッパ」奏者が隊列の先頭集団を構成していたことが分かる。

四列目の手前側にはシンバル奏者が描かれ、その隣りにはオーボエかクラリネットと思われる木管楽器の奏者が描かれている。その後ろに着剣した銃を担う兵士の列が続く。ただし、模写の中には、シンバル奏者の隣りの木管楽器奏者が省かれ、シンバル奏者の隣りから兵士の列が始まるように描かれているものもある。

図1ではカットしたが、兵列の中ほどに、ペリーと、ペリーの前を歩む二人の少年がいる。二人は大統領親書と全権委任状を納めた箱を運んでいる。ペリーの後ろには大太鼓奏者が続き、列外では、士官たちがサーベルを抜いて隊列を指揮している。

しかし、ペリーの前を歩んでいたはずの提督旗旗手や、その旗手を護衛していた二人の黒人兵の姿はいずれの模写にも描かれていない。また、ペリーの両側に付き添っていたアダムス参謀長とコンティー大尉の姿も描かれていない。このことからも分かるように、この図は、あまり正確なものではない。当日の軍楽隊に「大小二種類のラッパ」が含まれていたことは画面から確認されるが、それがどのような楽器であったかは、画面からは読み取れない。

兵士たちの軍服の色も模写によってバラバラである。当日、海兵隊員は青い上着に白ズボン、水兵たちは白シャツに青ズボン、鼓笛隊員を含む少年兵たちは赤い上着に白ズボンを着用していた。そのことは、日米双方の文字史料に記されている。

この上陸行進図と並んでよく知られているもう一つの図には、一行が久里浜に持ち込んだ楽器群が描かれている（図2）。この図には、大太鼓と撥《ばち》、小太鼓と二本の撥、シンバル、大小二種類のラッパ、それに「シンチウ（真鍮）」と注記された笛が描かれている。しかし、この図もはなはだ頼りない史料である。

大小二種類のラッパが、先に挙げた見取り図にいう「大ラッパ」「小ラッパ」に相当し、どちらも三ピストンの楽器であったことまでは画面から分かるが、それぞれが何の楽器であったかは、図が稚拙なために分からない。

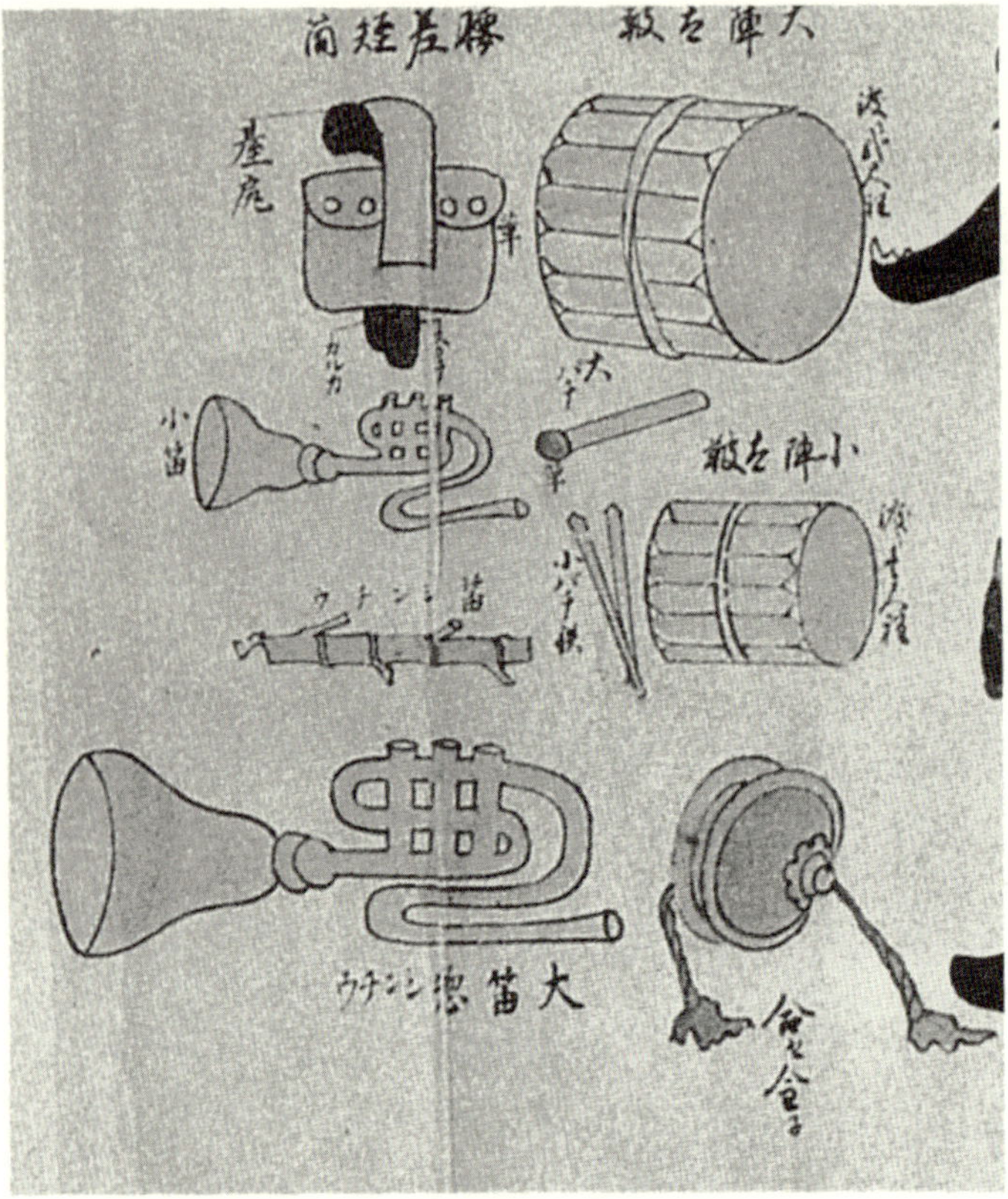

図2　久里浜に持ち込まれた楽器

右側上から大太鼓と撥、小太鼓と撥、シンバル。左側ホルスター入りのピストル、小ラッパ、フラジオレット（?）、大ラッパ。フラジオレットと思われる楽器には「笛　シンチウ」の文字があるが、大ラッパにも「大笛　惣シンチウ」の文字がある（「相州浦賀北亜米利加船入津絵巻」下関市立長府図書館蔵）

「シンチウ」と注記された笛も、元の器形が想像つかないまでに、デフォルメされている。この笛に「シンチウ」という注記が付されている点も不審である。ここに描かれたような形の笛で真鍮製の楽器というのは思いあたらない。いろいろな模写を比較すると、この絵はフラジオレットを描いたもののように思われる。そして、「シンチウ」との注記は、本来はその上下に描かれた大小のラッパの一方に付けられていたものが、転写を重ねるうちに、笛の方に移動してしまったものではないかと思われる。ともあれ、この楽器に関しては、原画者も模写家たちも、器形が充分つかめないままに描いたことが画面から伝わってくる。

絵師の不在

このように、ペリー第一回来航時に描かれた図像史料には、史料的に見て頼りないものが多い。そうした事態は、嘉永六年に起こったペリーの第一回来航が大半の日本人にとって寝耳に水の出来事であったことに起因することが指摘されている。アメリカ合衆国が大統領親書を携えた使節団を日本に派遣する計画を進めていることは、オランダ商館長ドンケル・クルツィウスを通じて幕閣に伝えられていた。しかし、老中《ろうじゅう》阿部正弘以下の幕閣はその情報を握りつぶした。そのため、ペリーが来航したとき、浦賀奉行所や江戸湾警備にあたっていた諸藩は絵師の手配ができておらず、結果として史料的価値に乏しい図しか残らなかったのである。

嘉永七年のペリー第二回来航時には、前年にペリーが日本を退去する際に翌年の再訪を予告していたこともあって、各藩とも絵師の手配をしていた。その結果、真田《さなだ》藩に雇われた高川文筌《たかがわぶんせん》や樋畑翁輔《ひばたおうすけ》、仙台藩の大槻磐渓《おおつきばんけい》から依頼を受けて『金海奇観』に図を纏《まと》めた鍬《くわ》形赤子《がたせきし》といった優れた絵師たちによって、史料的価値の高い図が多数残された。

その他の絵

ペリー第一回来航時に描かれた音楽隊の図としては、他に、南部藩に伝えられた「浦賀雑記」（盛岡市中央公民館蔵。『来航譜』所収）に収められたものがある。着剣した兵士の前を笛を奏しながら歩む三人の楽人の姿が描かれている。余白に「太鼓大小二、笛三」「ヒチリキノ如《ごと》キ唐人笛《とうじんぶえ》」と注記されており、その内容が鼓笛隊の楽器編成と部分的に一致するところから、この絵は三人の鼓笛隊員を描いたものと思われる。注記にいう「ヒチリキノ如キ唐人笛」は、先に引用した鼓笛隊の楽器編成のうちの「チャルメラ」に相当するものであろう。ただし、絵が俳画風であるために、三人が吹いているのが、横吹きのファイフであるのか、縦吹きのオーボエもしくはクラリネットであるのかすら分からない。

ペリー一行の久里浜上陸の様子を描いた図は、この他にも何種類かある。なかには、大統領親書と全権委任状を納めた箱を奉持する二人の少年の前を歩む提督旗旗手とその両側に立つ二人の黒人兵の姿を正しく描いたものや、水兵の一人が愛犬を連れて上陸行進に加わっている様子を描いたものなど、当日の様子を正確に描いたものもある。しかし、残念なことに、これらの絵では鼓笛隊員や軍楽隊員の姿が小さすぎて、彼らが手にしている楽器を特定するまでにはいたらない。なお、当日、犬を連れて上陸したのはサスケハナ号乗り組みのハーディーという水兵であった。彼は、六十四年後の大正七年に日本を再訪し、現在彦根城博物館に保管されているこの絵を見て感激し、犬を連れて上陸したのは自分である旨のサインを残している。

描かれた鼓笛隊員

こうした状況のなかで、例外的に良質な史料と認められるのが、横浜開港資料館所蔵の「(福田本)米艦渡来紀念ノ図」に収められた二人の少年鼓笛隊員を描いた図である（口絵1。別模本が、市立函館図書館と横須賀市立人文博物館に存在する)。

この絵巻自体は、嘉永七年一月のペリー第二回来航時に描かれた図を主体としている。しかし、そのうちの「宮津衆原《はら》氏本」から模写されたと注記された部分は、嘉永六年六月（一八五三年七月）のペリー第一回来航時の写生に基づくものである。そのことは、ここに描かれた二人の少年鼓笛隊員や兵士・士官・将官たちが、夏の制服を着ていることから分かる。

鼓笛隊員は赤い上着に白ズボンを着用している。この服装は、遠藤宏が紹介した史料に見られる鼓笛隊の服装の記述「服緋股引白」と一致する。後に述べるように、翌嘉永七年二月に横浜に上陸した際の鼓笛隊の服装は、赤の上着に黒ズボンであった。帽子の形も違う。嘉永七年二月に横浜に上陸したときの図では、鼓笛隊員たちは帽子の前の部分にだけつばの付いた「キャップ」を被《かぶ》っているが、この図に描かれた少年たちは帽子の周囲にひさしのついた「ハット」を被っている。赤い上着に白ズボン、それにハットというのが、ペリー来航時の鼓笛隊の夏の制服であった。

鼓笛隊員の両側に描かれた兵士らが着用しているのも、夏の制服である。そのことは、嘉永七年二月の横浜上陸時に描かれた図像史料と比較してみると分かる。「宮津衆原氏本」から転写された図では海兵隊員・黒人兵・士官・将官は紺色の上着に白ズボン（上着は黒っぽい色に塗られているが、海軍や海兵隊の服装規定では、上着の色は紺である）、水兵は白シャツに青ズボンを着用し、海兵隊員・水兵・黒人兵はハットを被っている。嘉永七年二月の横浜上陸の際には、士官・将官は濃紺もしくは黒の上下（階級によって、ズボンの横に入る線の色が異なる）、海兵隊は濃紺（マリーン・ブルー）の上着に青ズボンで白襷《たすき》を十字形に掛けて高い冠帽《かんぼう》を被り、水兵は上下黒の制服で黒いキャップを被っていた。士官・将官の制服の両肩に付いているエポレット（肩章）の形も、この図と横浜上陸時に描かれたものとでは異なっている。

また、「宮津衆原氏本」から転写されたこの図には、鼓笛隊員の脇に「大太鼓　トロンメルと云う　一人」「小太鼓　上に同じ　二人」「横笛　フロイトと云う　三人」「竪笛　上に同じ　二人」「喇叭《らっぱ》　トロンヘッと云う　二人」「鐃鈸《にょうばつ》　マロバッと云う　二人」との注記があるが、この注記の内容が先に紹介した久里浜上陸時の鼓笛隊楽器編成とほぼ一致することも、この図がペリー第一回来航時のものであることを証言している。この注記では、小太鼓奏者が一人多く、また、チャルメラ奏者二人が落ちているが、これらは転写の誤りと思われる。なお、楽器のうち、「鐃鈸」は仏教用語で、シンバルを意味する。「トロンメル」「フロイト」「トロンヘッ（トロンペッ）」「マロバッ」というのは、オランダ語で楽器名を記したものである。浦賀奉行所に勤務していたオランダ通詞から楽器の名称を聞き出したものか、筆者のオランダ語の知識に基づくものであって、上陸したアメリカ兵から楽器名を聞き出したものではなかろう。

さらに、士官・将官の絵の脇に「キイテン四人、云々」と記されていることも、この図がペリー第一回来航時のものであることを示している。「キイテン」とは「カピテン（＝艦長）」を誤写したものである。ペリー第一回の日本遠征に参加した黒船は四隻、したがって、艦長は四人であった。それに対して、第二回来航時の黒船の数は当初七隻、その後、一隻が加わって、一八五四年三月八日の横浜上陸の時点で言えば、黒船の数は八隻、艦長の数は八人に増えていた。したがって、この注記もまた、この図がペリー第一回来航時に描かれたものであることを示している。

以上の点から、「（福田本）米艦渡来紀念ノ図」の「宮津衆原氏本」から転写された部分は、ペリー第一回の来航時に描かれたものであることが分かる。原画を描いた宮津藩の原氏がいかなる人物であったかは、分からない。ともかく、この人物のお陰で久里浜上陸時の少年鼓笛隊員の姿が描き留められたのである。

二人の少年鼓笛隊員のうち、手前の少年は胸に小太鼓を下げている。この少年が、先に紹介した史料で「小太鼓役　一人」と記された人物であろう。その奥に描かれた少年は、金管楽器を右手に持っている。この少年は、同じ史料にいう「曲笛役　二人」のうちの一人であろう。少年が手にしている楽器は、トランペットのように見えるが、ピストンが見あたらないので、無弁ビューグルであるかもしれない。

「(福田本)米艦渡来紀念ノ図」の例に見られるように、ペリー来航時に描かれた日本側図像史料に関しては、一点一点の史料の検討どころか、一画面ごとの検討が必要である。

図像史料の問題

なぜならば、二度にわたるペリー来航時に描かれた図像史料の中には、画家自らの観察に基づく図ばかりでなく、既存の絵を模写して史料に組み込んだものもあるからである。なかには、かなり古い史料に基づく絵も含まれている。

一例を挙げれば、津山松平家旧蔵の「北亜墨利加《アメリカ》蒸気船渡来図」(越智河野《おちかわの》筆。『来航譜』所収)は、巻末に二人の水兵を描いた図を収めている。一人は立ち、もう一人は座ってタバコを喫《す》いながら、会話を交わしている。この図は、ペリー来航時のものではない。ペリー来航に先だって一八四六(弘化三)年に日本を訪れたビッドル遠征隊のときの図である。そのことは、ビッドル遠征時に描かれた図との比較から分かる。ペリー第一回の来航時に描かれた図をまとめた絵巻の中に、ビッドル遠征隊のときの図が紛《まぎ》れ込んでいるのである。

鳥取藩主池田慶徳《よしのり》の撰した「甲寅亜《こういんあ》夷入津図全《いにゅうしん》」(『来航譜』所収)にも、ビッドル遠征隊のときの図が混じっている。「甲寅」つまり嘉永七年の干支《えと》を冠しているからといって、そこに収められた図がすべて嘉永七年の来航時のときのものとは限らないのである。

このように、図像史料を用いてペリー来航時の史実を復元しようとする際には、一つ一つの画面に慎重な検討を加えていくことが必要である。

日本側史料の重要性

久里浜応接所での大統領親書手交式は短時間で終了した。ペリーは、席上、二、三日以内に日本を立ち去ること、また、翌年四、五月頃に再度日本を訪れるつもりであることを日本側に伝えた。

それに対して、日本側は、親書は受理したので米艦としては直ちに日本を立ち去られたい旨《むね》を記した文書を手渡した。

日本側代表の戸田伊豆守と井戸石見《いわみ》守の二人は、これで事が決着したと思ったのであろう、ペリー一行が応接会場を立ち去った後、緊張から解放されてにわかにくつろいだ様子になったことを後刻耳にした、とウィリアムズは記している。

艦内での饗宴

ところが、艦に戻ったペリーは、日本側の予期に反して、艦隊を江戸湾奥深くまで進めるよう命令した。艦隊は小柴沖《こしば》（今日の横浜八景島の沖辺り）まで進行して投錨《とうびょう》し、さらにボートを大師沖にまで派遣して水深を測量させた。

案に相違して艦隊が江戸湾奥深く侵入したことを知った日本側はペリーに強く抗議した。このため、日米双方の間に一時緊迫した空気がただよったことは、日米双方の史料に記されている。

ところが、「維新史料所収　浦賀日記」（『古文書』一に所収）には、その晩のアメリカ艦隊の様子に関して「この夜、舞楽《ぶがく》様の事して、船中はなはだ賑《にぎ》わしきなり」と記されている。大統領親書の受け渡しという第一回渡航の目的を果たして安堵《あんど》したアメリカ側の船中の雰囲気が伝わってくる。

この饗宴の事実は、アメリカ側の史料にも、また、日本側の他の史料にも記されていない。

この例に見られるように、日本側の史料には、アメリカ側史料には記されていない事実を示す情報がしばしば盛られている。ペリー来航時の史実の復元には、日本側史料の調査が不可欠である。

ともあれ、ペリーの黒船艦隊は、七月十七日（嘉永六年六月十二日）、浦賀を立ち去った。幕末の日本とアメリカ音楽との接触は、翌年に持ち越されたのであった。

一八五四年　横浜

第二回来航

黒船再来

一八五四年二月（嘉永七年一月）、ペリーの率いる黒船艦隊は、再び日本に姿を現した。

黒船の数は今回は七隻に増えていた。蒸気船サスケハナ号・ポウハタン号・ミシシッピー号、帆船マセドニアン号・ヴァンダリア号・レキシントン号・サザンプトン号の七隻からなる艦隊であった。

前年浦賀を去る際に、翌年四月か五月の再訪を予告していたペリーが予定を早めて来航した背景には、ペリー離日後の嘉永六年七月に長崎に来航したロシア使節団プチャーチン一行の存在があった。日露和親条約締結に向けてのプチャーチンの動きを察知したペリーは、先を越されることを恐れて、予定を早めて再来日したのである。

艦隊は、浦賀沖を乗り越えて江戸湾内にまで進行し、二月十三日（邦暦一月十六日）午後三時頃、小柴沖に投錨《とうびょう》した。

その日から、前年に手渡した大統領親書に対する日本側返書の受け渡し場所を巡る長く重苦しい交渉が浦賀奉行所との間で始まった。

会談場所の選定

日本側は、返書受け渡しとそれに続く日米交渉の場所として、最初は浦賀を、次いで鎌倉を提案した。これに対してアメリカ側は、より首都に近い場所での交渉を要求した。この間、日本側が会談場所として提案した浦賀視察のため、アダムス参謀長がヴァンダリア号で現地に赴《おもむ》いたこともあった（一八五四年二月二十一日）。これにはサスケハナ号軍楽隊が随行した。

浦賀拒否の理由

アメリカ側が浦賀を拒否する理由の第一に挙げたのは、こうした外交交渉は互いの国の首都で行うのが国際法上の慣習であるという点であった。

第二は、浦賀が江戸から遠い点であった。前年来日した際、ペリーは浦賀奉行所の役人が幕府にいちいちお伺いを立て、その度《たび》に艦内で待機させられることに対して苛立《いらだ》ちを見せていた。これが、浦賀拒否の第二の理由であった。

第三の理由は、浦賀・久里浜地区は、冬の間、風波が厳《きび》しく、艦船の停泊に適していない点であった。そのことは、アダムス参謀長が浦賀視察に赴いた際、荒天に妨《さまた》げられて着岸できず、船中で一晩滞留を余儀なくされたことによって証明された。

アメリカ側が挙げたのは以上の三点であるが、現地に立ってみると、アメリカ側が浦賀・久里浜を拒否した理由はこの他にもう二つあったことが分かる。

その一つは、房総半島との距離が近いことである。東京湾はこの付近で一番狭くなっており、現に、東京湾横断フェリーは久里浜と金谷《かなや》を結ぶ航路を採っている。久里浜海岸に立つと、対岸の鋸山《のこぎりやま》が驚くほど間近に迫ってくる。これでは、日米交渉が決裂した場合、アメリカ側は腹背に敵を迎えることになってしまう。アメリカ側が浦賀・久里浜での交渉を拒否したもう一つの理由は、この点にあったものと思われる。

さらに考えられるのは、海岸の狭さである。現地に立ってみると、久里浜海岸は驚くほど狭い。前年ペリーが来航したときの黒船は四隻、久里浜に上陸した人数は二百数十名であった。それでも一行は、大統領親書受け渡し会場に入場するのに、いったん「客殿の左海岸の方へ備えを繰り込」まざるを得なかった。浜が狭いことに加えて、海岸右手では川が海に流れ込んでいるために、上陸行進するにはこちらに迂回するほかなかったのである。

　今回ペリーが率いてきた黒船は七隻、それに加えて、三月四日（邦暦二月六日）には帆船サラトガ号が到着したため、黒船の数は八隻に増えていた。今回ペリーが上陸させようと思っていた人数は、嘉永七年二月十日（一八五四年三月八日）に横浜に実際に上陸した人数でいうと、四四六人であった。これに警護のためにボートに留まった人数約二〇〇人を加えると、当日の着岸人数は六〇〇人を超える。これだけの人数を着岸させるには、久里浜海岸は狭すぎた。まして、浦賀にいたっては、これだけの人数を収容する余地はない。山がいきなり海に落ち込んでいるのである。

　上陸部隊は、単に上陸させれば良いというものではない。交渉が決裂した場合に備えて、軍事訓練を施《ほどこ》しておかなければならない。しかし、艦内では充分な調練ができないし、兵士たちの足腰は艦内生活で弱っている。したがって、上陸と同時に、まずは軍事訓練を行う必要があった。現に、久里浜でも、横浜でも、アメリカ側は、着岸と同時に軍事訓練を行った。調練が終了した時点で、初めて将官（ペリー）が上陸したのである。したがって、上陸地には、単に二百数十名なり、四百数十名なりが立ち並ぶ広さばかりでなく、それだけの兵員が軍事訓練を行えるだけのスペースが必要であった。この点で、浦賀や久里浜の海岸の狭さは問題であった。

両海岸の沖合も狭い。これでは、引き連れてきた黒船のすべてを沖合に並べて、日本側に軍事的圧力をかけることができない。こうした点も、アメリカ側の拒否の理由となったに違いない。

会談場所の選定を巡る交渉の重苦しさとは対照的に、日米交歓の方は着々と進んだ。

日米交歓

二月二十二日（邦暦一月二十五日）はジョージ・ワシントンの誕生日であった。この日、アダムス参謀長は、浦賀視察のため、ヴァンダリア号で現地に赴《おもむ》いていた。停泊地に居残った艦の乗組員たちには一時の閑暇《かんか》が訪れた。そうしたこともあってか、この日、サスケハナ号を訪れた香山《かやま》栄左衛門以下の浦賀奉行所の面々は士官たちから歓待された。交歓が進むうちに、浦賀奉行所のメンバーの一人が日本の歌を披露した。これに応《こた》えて、アメリカ側も、ミシシッピー号座乗の大尉の一人が『ジンジャー・ブルー Ginger Blue』を歌ったことをスポルディングは記している。

『ジンジャー・ブルー』は、当時のアメリカのヒット・ナンバーの一つである。ペリーの日本遠征中、何度か歌われた記録が出てくる。ミンストレル芸人のディック・ペラムことリチャード・ウォード・ペラム（一八一五―？）が作曲し、自ら舞台で歌って人気を博した曲で、一八四一年に出版されている。ディック・ペラムは、後に述べるように、一八四三年にミンストレル芸人仲間のダン・エメットが創設したミンストレル・グループ〈ヴァージニア・ミンストレルズ〉にタンバリン奏者として加わり、圧倒的な人気を得るようになるのであるが、この歌の作曲当時は、弟のギルバートと組んで舞台に立っていた。

日米の音楽面での交流は、すでに始まっていた。

会談場所決定

二月二十四日（邦暦一月二十七日）、艦隊は横浜沖まで進出した。

その翌日も日米の会談場所を巡る協議がアダムス参謀長と香山栄左衛門との間で続けられた。候補地を巡る協議が難航するなかで、香山は、突然、艦隊が今停泊している地点の正面にある海岸はどうか、と切り出した。アダムス参謀長と香山がブキャナン艦長らを交えて上陸してみると、そこは会談場所としてまことにふさわしいことが判明した。日米の会見はここで行われることになった。今日の横浜、関内《かんない》の地である。

日本側史料には、二月二十七日（邦暦二月一日）の条に、「この日以来、朝夕、音楽を演奏す」（「渡来日記　石川本」）、「夕六《む》つ時に笛太鼓にて音楽を催《もよお》し、又、大筒一発す。已後《いご》、朝暮、同」（「渡来日記　添田本」）と書かれている。交渉会場が決まって、艦上での奏楽練習にも熱が入ってきたことが分かる。

一八五四年三月八日（嘉永七年二月十日）、ペリーは、林大学頭《だいがくのかみ》以下の幕府側応接掛と会見するために、横浜に上陸した。

当時の横浜

その頃の横浜は、今日とは大分様子が違っていた。

山下公園は関東大震災で出た瓦礫《がれき》を埋め立ててできたものであるから、当時はもちろんなかった。今日の海岸通りが、文字どおり、波打ち際だったのである。そこから北仲通り・本町《ほんちょう》通り・南仲通り・弁天通り・太田町《おおたまち》のあたりまでは陸地であったが、そこから先は、半ば海、半ば湿地といった状態であった。野毛山《のげやま》下から切れ込んだ湾が、大きく入り込んでいたのである。今日のＪＲ根岸線の関内駅の周辺や、横浜球場のある横浜公園、中華街のあたりは当時は水底《みなぞこ》であった。

横浜公園や中華街のあたりが陸地化したのは、安政六（一八五九）年の横浜開港と相前後して、このあたりに太田屋新田（今日の横浜公園から桜木町寄りの地域）や横浜新田（今日の中華街の地）が拓《ひら》かれてからである。最初に拓かれたのは今日の横浜公園の地であった。ここには「ふるアメリカに袖《そで》は濡らさじ」の句で知られる喜遊《きゆう》が遊女を務めていた岩《がん》亀楼《きろう》をはじめとする外国人・外国商人相手の遊郭が横浜開港後相次いで開業し、突如として一大遊郭地（港崎《みよざき》の遊郭街）が出現した。この遊郭街は、慶応二（一八六六）年の「豚屋《ぶたや》火事」で焼失した後、今日の羽衣町《はごろもちょう》のあたりに移され、その跡地は火避《よ》け地を兼ねた公園となった。これが、横浜公園の起源である。一方、遊郭街の方は、その後、高島町を経て、明治五（一八七二）年に伊勢佐木町《いせざきちょう》に移転した。伊勢佐木町が横浜の歓楽街となった機縁はここにあった。

その伊勢佐木町方面の開発はさらに遅れた。このあたりは、江戸時代初期に吉田新田が拓かれた後、徐々に干拓が進んでいたものの、明治初年になっても、まだ、半ば陸地、半ば湿地の状態であった。ベアトが幕末に撮った写真にも今日の関内駅の西側に大きな遊水池（「一つ目池」）があった様子が写っている。横浜開港時に描かれた絵図の中には、このあたりを船が通航しているところを描いたものがある。ペリーが来航した当時の伊勢佐木町方面は、そのような情景であった。

今日の桜木町のあたりは、深い入江になって、野毛坂下まで海が入り込んでいた。今日の「みなとみらい21地区」のにぎわいなど、当時の絵図からは想像すべくもない。

逆に、今日山手《やまて》地区と関内とを隔てている堀川は当時はまだ掘削されていなかった。ペリーが来航した当時、今日の関内はここで元町《もとまち》側と接続していた。この堀川は、横浜居留地の開設にあたって、太田屋新田・横浜新田の水を抜くために開削されたものであるが、横浜《はま》っ子の間には、この川は横浜居留地を「出島」化するために掘削したものである、との噂が根強く残っている。

ペリーが上陸した当時の横浜は、だいたいこのような状況であった。

日米の会談場所を求めてアダムス参謀長や香山らが上陸した地点のほぼ正面には「駒形《こまがた》の嘉平治《かへいじ》」の屋敷があった。その屋敷の傍らの水神《すいじん》社の祠《ほこら》のそばには、大きな玉楠《たまくす》の木が茂っていた。

ペリー上陸地点

一八五四年三月八日の横浜初上陸の日、ペリー一行はこの玉楠の木を目標にボートで海岸に向かい、その右手の地点に上陸した。日本側は、アメリカ側の指示で、この近くの砂浜に土俵で船着き場を構築していたが、アメリカ側はこの船着き場を無視してあたり一面にボートを乗り付けた、と、後に紹介する日本側史料は不満を漏らしている。

水神社があった地には、開港後、英国総領事館が建てられ、ペリー一行が上陸目標にした玉楠の木はその敷地内に取り込まれた。この樹は関東大震災の際に焼失してしまったが、翌年、焼け残った根元から蘖《ひこばえ》が芽吹いた。それが成長したのが、今日、横浜開港資料館の中庭にみずみずしい葉影を投げかけている玉楠の木である。ただし、この樹は、昭和六

図3　歌川（五雲亭）貞秀『御開港横浜之全図』万延元年ごろ
（神奈川県立歴史博物館蔵）

（一九三一）年に英国総領事館（現在の横浜開港資料館の建物）が再建された際に、北に十一メートルほど移動させられたというから、ペリー上陸地点を見定めるためには、その分の距離を差し引く必要がある。

　ペリーと林大学頭以下の日本側応接掛との会見が行われた接見会場は、この玉楠の木の北西側にあった。今日の神奈川県庁の敷地内にあたる。

　ともあれ、ペリーらが上陸した地点は、今日の日本大通りと海岸通りが交叉する付近であった。ペリー上陸にあたって作られた仮設の船着き場の跡地には、開港後、桟橋が築かれた。それが拡充されて「横浜西波止場《はとば》」（「旧波止場」あるいは「イギリス波止場」とも呼ばれた）となった。今日でも豪華客船の停泊でにぎわう横浜大桟《おおさん》橋《ばし》は、その後裔《こうえい》である。

横浜初上陸

上陸

一八五四年三月八日（嘉永七年二月十日）、ペリー一行の横浜初上陸がいよいよ始まった。当日は、まず、午前十一時半頃、水兵・海兵隊・軍楽隊と鼓笛隊を載せたボートが上陸し、さっそく調練と調楽《ちょうがく》が始まった。兵士の一部は、水際に残ってボート警備にあたった。

調練・調楽が終わると、マセドニアン号から発せられる礼砲に送られて、ペリーを載せたボートが旗艦ポウハタン号から進発した。

ペリー上陸と同時にドラム連打が始まり、蒸気船三艦所属の音楽隊（軍楽隊二隊と鼓笛隊）が『星条旗』を演奏した。次いで、『ヘイル・コロンビア』が演奏されるなか、ペリーは交渉会場へ入った。このときの奏楽に関して、画家ハイネが「軍楽隊は国歌である『ヘイル・コロンビア』を演奏した」と書いていることは、すでに述べた。

幕府側の五人の応接掛のうち、最も年齢の若い伊沢美作守《みまさか》（四十一歳）は「西洋音楽を好み、軍楽隊の演奏中、手足をじっとしていられなかった」と『遠征記』に記されている。幕臣の中にも、すでにこうした西洋音楽ファンが生まれていたのである。

奏楽の模様　ペリー横浜上陸の模様を記した日本側の記録には、当日の奏楽の様子が次のように記されている。

本牧《ほんもく》寄り三艘目、フレガット〔フリゲート〕蒸気船ポウハタンよりバッテーラ〔ボート〕二十七艘へ異人乗り移り、赤白布交《ぬのま》じりの幡《はた》を立て、列を正し、漕ぎ連なる。午《うま》の上刻、横浜へ着船。御仮家《おんかりや》前海岸へ土俵にて上《あが》り場築《ばつ》き立てこれ有る処《ところ》にかかわらず、四五町の間、船を付け、凡《およ》そ四百五六十人、左右より上陸。

音楽人先に並び、その外《ほか》は剣付き筒を持ち、調練。足の運びを揃え、御仮家前より浪《なみ》打ち際《ぎわ》まで両側に並び、右の内、指揮する者四五人、赤き鳥の羽を立てたる見事の帽子を冠《かぶ》り、衣裳飾りなども違い候。剣付き筒持ち候者も、組々にて衣裳替《か》わる。音楽人両側岸辺に並び、猩々緋《しょうじょうひ》の衣裳を着、陸軍〔上陸兵〕の備え、相《あい》立つ。右二十七艘のバッテーラへ二百余人乗り組みおる海軍〔水際に残った兵〕の備え、船を並べ、列を正し、石火矢《いしびや》壱挺ずつ。右固《かた》めを元船にて見届け候や、それより本牧の方より三艘目、ポウハタンと申す蒸気船より祝砲十七発打ち終わり〔アメリカ側の記録によると、礼砲を発射したのはマセドニアン号〕、白きバッテーラ一艘降ろし、青き旗文字《はたもじ》染《そ》め抜きたるを押し立て、大将ペルリ、アーダム、ブカナン、その外《ほか》船将従卒の者乗り移り来たり、左右に備えたる船の真中へ着く。その美々しく厳重なること、目を驚かぬ者なし。諸御役人衆はじめ、この行列正しきを感じざるはなし。着岸上り場にて大将初めて帽子を取り、手に持つ。直《ただ》ちに音楽始まる。しずしずと上陸、御仮家御玄関へ通る。（中略）

さて、御仮家前より海岸まで立ち並びおり候異人、始終立ち通し。もっとも折々調練いたし、音楽止《や》めるや否や海岸に備えたるバッテーラ二十八艘より石火矢一発ずつ一順。打ち終わりてまた一順。都合《つごう》五十八発なり。打ち終わりて音楽始まる。

その後、暫時《ざんじ》休み候ては折々音楽いたす。その度々《たびたび》に囃《はや》し替わり候様子にて、楽人重立《おもだ》ち候者より歌《うた》かるたの大きなるものを銘々に渡《わた》す（これは、音楽の譜をしたため候ものの由《よし》）。（中略）

未《ひつじ》の中刻頃〔午後二時頃〕、太鼓打ち候《そうら》えば、散乱致《いた》しおり候異人ども、残らず走り集まり、音楽始まる。それより大将はじめその外《ほか》、白きバッテーラに乗り移り、大将帽子をちょっと手を掛け取る真似して御仮家の方に向かい会釈《えしゃく》する。この船直ちに乗り帰る。その後二十七艘のバッテーラへ、上陸の通り列を正し、乗り移るところ、引き潮にてバッテーラ居座《いすわ》り候につき、浦人足《うらにんそく》をもつて押し出させる。右二十七艘行列を正す間、船中にて音楽致しおり、船押し出し、列を正し、音楽止め、帰船。（「随聞積草」。ほぼ同文が『維新』二―三および『古文書』四にある）

ペリー上陸後、「直ちに音楽始まる」というのは、アメリカ側の記録にいう『星条旗』と『ヘイル・コロンビア』の演奏を言うものであろう。

ペリーが林大学頭以下の幕府側応接掛と会談している間、屋外では二組の軍楽隊と一組の鼓笛隊が交互に演奏していた。福井藩士鈴木主税《ちから》は、藩主の松平春嶽《しゅんがく》に宛てた書面の中で、演奏された曲数を「十篇余りもこれ有り候」と報告しているが、残念ながら曲目は分からない。

「随聞積草」の著者は、曲が変わる度《たび》に「楽人重立ち候者」（バンド・マスター）がメンバーに楽譜を配ったと記すなど、よく観察している。

当日の記録には次のようなものもある。

一、楽人拾二人ずつ三組のうち一組、子供各《おのおの》並び居り、楽《がく》致し候、尤《もっと》も腰に剣・小筒〔ピストル〕など下げ居《お》り、

一、楽人二組着服、黒ならびに花色〔縹《はなだ》色＝薄い藍《あい》色〕羅紗《らしゃ》、冠物《かぶりもの》は〔図略〕

一、同子供着服、同上緋羅紗《ひらしゃ》、下黒羅紗《くろらしゃ》、冠物は図前に同じく赤。（『維新』二―三所収「京都町奉行所組与力　平塚茂喬雑記」より抜粋）

当日、鼓笛隊を含めて三組の音楽隊が上陸したことは、「蒸気船三艦所属の音楽隊」とのアメリカ側の記録（『遠征記』、ハイネ）や「音楽の者は、三所にて代わる代わる絶え間無く奏し申し候」（『古文書』四所収「膺徴《ようちょう》記聞」）との日本側の記録からも確認される。「渡来日記　石川本」には「楽人笛太鼓四組に分かれ居《お》りはやし致す」とあるが、「四組に分かれ」と記しているのはこの記録だけであり、何かの誤りであろう。

「蒸気船三艦所属の音楽隊」のうちの二隊はミシシッピー号軍楽隊とサスケハナ号軍楽隊であるので、鼓笛隊はポウハタン号に乗艦していたことが分かる。鼓笛隊は、司令部付きの音楽隊として旗艦ポウハタン号に乗艦していたのであろう。

鼓笛隊に関しては、「且《か》つまた合図方《あいずがた》の内には楽人と相見え、十三四歳の者両三人まか

りあり申し候、左候《さそうろう》て、将官上陸の頃より申《さる》の中刻頃引き取り候まで、絶えぬ程に楽を奏し申し候」（「熊本藩相州御備場御用一件」『維新史料』二―三所収）という記録もある。また、「黒船来航絵巻」（神奈川県立歴史博物館蔵）には、「楽人　十六歳　十三歳」とも記されている。

日本人好みの鼓笛隊

この鼓笛隊の演奏に関しては、次のような興味深いアメリカ側の報告もある。マセドニアン号乗組員としてペリー第二回遠征に参加したスプロストンの報告である。

会談中、二つの軍楽隊が交互に演奏し、その合間にドラムとファイフの演奏が挟《はさ》まったが、後者は日本人たちの好奇心を大いに搔《か》き立てた。後者の方が、日本人には分かりやすかったようである。

笛と太鼓による鼓笛隊の演奏の方が日本人には馴染《なじ》みやすかったらしい、とのこの報告には、今日の目から見ても納得できるところがある。

軍楽隊の服装

京都町奉行所組与力平塚茂喬の報告には、二組の軍楽隊は黒ならびに花色の制服を着ていた、との記述があった。この記述は、誤ってはいないが、不親切である。

松代真田家《まつしろさなだ》に伝わった「ペリー来朝横浜応接場米利堅《メリケン》銃隊布列図」（『来航譜』所収）には、図の右側に上下黒の制服を着た十三名の軍楽隊、左側には赤い上着に青ズボンをはいた十一名の軍楽隊が輪になって演奏している様子が描かれている。当日、二組の軍楽隊がこうした服装をしていたことは、他の図像史料からも確認される。横浜上陸の当日、ミシシッピー号座乗とサスケハナ号座乗の軍楽隊は、一方が上下黒の制服を、他方が赤の上着に青ズボンの制服を着用していたのである。平塚茂喬の報告は、後者が青ズボン（日本語で言えば、「花色の股引《ももひき》」）をはいていたことを言うものであった。「福井藩士野村淵蔵書翰」（『維新』二―三）は「楽人冠〔図がある〕、衣物猩々緋《きものしようじようひ》、股引浅黄《あさぎ》、帯剣」と記しているが、これは後者の制服について述べたものである。

ただし、この二種類の制服を着た軍楽隊のうち、どちらがサスケハナ号軍楽隊で、どちらがミシシッピー号軍楽隊であったかは、分からない。

なお、大槻家旧蔵の「横浜村応接場之絵図」（鍬形赤子《くわがたせきし》筆の「金海奇観」に同じ）には、ペリー上陸時、応接場に向かって右側の列の中程に、軍楽隊とは別に、「笛」「太鼓」と注記された楽人たちの姿が描かれている。ここがペリー上陸時の隊列の中での鼓笛隊の位置であったと思われる。

第二次来航時の鼓笛隊の服装

東京大学史料編纂所蔵「ペリー渡来絵図貼交屏風《はりまぜびょうぶ》」（『来航譜』所収）には、楽器を持った三人の少年を描いた絵が貼られている。黒の上着に赤いズボンを着用し、黒のキャップを被っている。一番後ろにいる大柄な少年は後述のオフィクレイドに似た金管楽器を、真ん中の少年は何か木管楽器を、一番手前の少年は太鼓を持っている。この三人は、「一八五三年七月　浦賀」の章で述べた嘉永六年に描かれた鼓笛隊員像とは別な服装をしているので、嘉永七年の第二回来航時に描かれた鼓笛隊員であることが分かる。同じ屏風に貼《は》られた別な絵にも、同色の制服を着た少年たちが兵士たちの列外に十数名集まっている様子が描かれている。

しかし、この図に描かれた鼓笛隊の服装には問題がある。

欧米での音楽隊の制服は、伝統的に、赤の上着が普通である。ペリー第一回来航時の鼓笛隊の制服も上着は赤であったし、現在でも、アメリカ海兵隊音楽隊（マリーン・バンド）の上着は赤である（その他の海兵隊員の制服の上着は、マリーン・ブルー）。先に挙げた平塚茂香の記録にも、「子供着服、同上緋羅紗、下黒羅紗、冠物は図前に同じく赤」と、当日の鼓笛隊は赤い帽子に赤い上着、黒ズボンを着用していたことが記されている。

こうしたところから、横浜上陸時の鼓笛隊員は、赤の上着に黒のズボンを着用していたことが推測される。この「貼交屛風」の鼓笛隊員像は、制服の上下の配色を取り違えたものと思われる。

その取り違えの原因を示唆するのが、同じ東京大学史料編纂所に所蔵されている「米国使節ペリー渡来絵図写生帖」（『来航譜』所収）である。

この「写生帖」には、ペリー第二回の来航時に日本人画家が描いた数多くのスケッチが収められている。今日日本各地に残されている黒船渡来絵図・絵巻類の多くは、このスケッチに基づいて制作されたことが、内容から分かる。

ところで、ここに描かれたそれぞれの像の脇には、しばしば「赤」「黒」「黄」などの文字が書き込まれている。そこから、当日、絵師たちは、墨で輪郭を描き、各部の色彩を文字で注し、宿舎に帰ってから、その色指定に基づいて彩色を施す、という手法を取ったことが分かる。こうした手法は、日本画では普通のやり方である。

「ペリー渡来絵図貼交屛風」に描かれた少年鼓笛隊の制服の色が上下逆になっているのは、彩色の段階で、スケッチに書き込まれていた色指定の文字を取り違えてしまった結果であろう。

第二次来航時の音楽隊人数

当日上陸した音楽隊の人数は、史料によってさまざまである。ある史料は三十人と記し、別な史料には三十一人とある。「片葉雑記」には「笛太鼓にて楽を致し候もの拾人位ずつ三組」と記しているのに対して、平塚茂喬は、すでに見たように、「拾二人ずつ三組」と記している。

松代真田藩の医師で、画才を買われてペリー第二回来航時に絵師を務め、当日も写生にあたった高川文筌《たかがわぶんせん》は、「横浜記事」と題する文章（『来朝図絵』所収）の中で「隊列の左側に鼓吹《こすい》の者十五人、右側に十六人」と記しているが、彼も作図に関与した「ペリー来朝横浜応接場米利堅《メリケン》銃隊布列図」では、隊列左側の軍楽隊は十一人（赤い上着に青ズボンを着用）、右側の軍楽隊は十三人（上下黒の制服を着用）しか描かれていない。同じく松代真田藩から依頼されて高川文筌に協力して画筆を揮《ふる》った樋畑翁輔《ひばたおうすけ》の白描画（『来朝図絵』）になると、左側の軍楽隊の人数は十人、右側の軍楽隊の人数は九人にまで減っている。

これらの史料の正確さには精粗の差があるし、それぞれの人数が書き留められた時点の時間差も考慮する必要がある。また、ある史料は鼓笛隊を含めた人数を記しているのに対して、他の史料は鼓笛隊を省いた軍楽隊の人数だけを記している可能性も排除できない。いずれにせよ、当日上陸した楽員数はこれらの史料からは判断できない。

ペリー第二回の来航時の楽員数を、一八五四年一月の一行の琉球遠征時からずっと追ってみても、正確なところは分からない。ただ、ペリー第二回の来航時には、軍楽隊・鼓笛隊とも各隊十一、二名で構成されていたようである。前年来航したときに比べて、各隊とも一、二名減っている。これは、第一回来航と第二回来航の間に除隊する者があったり、病気のため当日不参加の楽員がいたり、あるいは、鼓笛隊員から軍楽隊員に移行するなどの編成替えがあったりしたためであろう。

ともかく、ペリー第二回遠征時の音楽隊の正確な人数は分からない。したがって、その楽器編成もよく分からない。信頼できる史料の出現を待ちたい。

華麗な楽器群

横浜に持ち込まれた楽器

ペリー第二回来航時に日本人絵師が描いた図像史料を見ていて驚くことは、じつに多様な楽器が持ち込まれていたことである。樋畑翁輔《ひばたおうすけ》の白描画（『来朝図絵』所収）には、以下の十一種類の楽器が描かれている。そのうち、五種類の金管楽器は、表裏両面から描かれているので、画は全部で十六点ある（図4、5）。

小太鼓および二本の撥《ばち》

大太鼓

シンバル

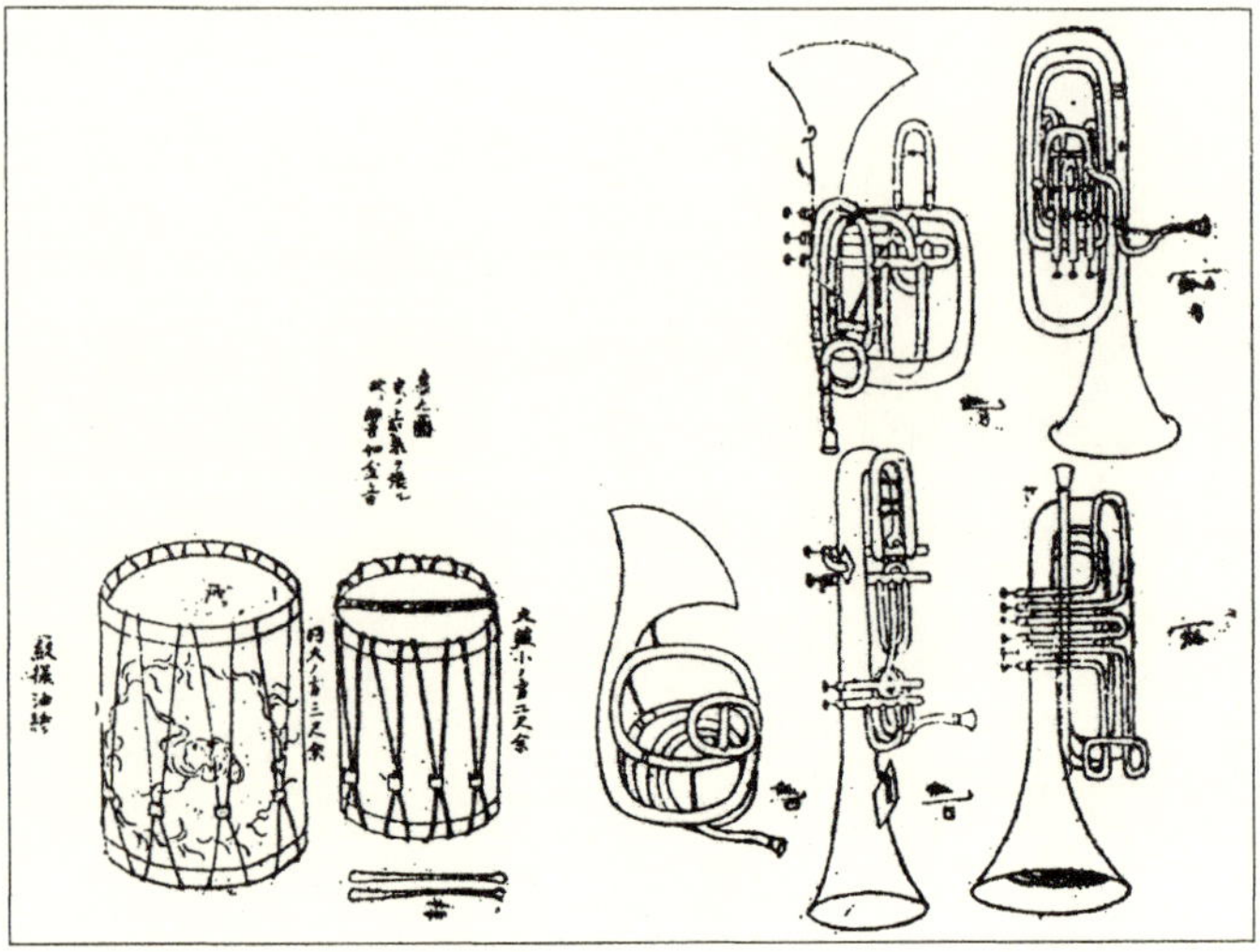

図4　描かれた楽器（1）

上段左よりピストン付きコルネット、バリトン・ホルン（?）、下段左より大太鼓、小太鼓と二本の撥、ナチュラル・ホルン、クラヴィコール、ヴェンティル・トランペット（?）

ファイフと思われる無鍵の横笛

クラリネットとそのマウスピース・キャップ

トロンボーン

ナチュラル・ホルン

ピストン付きコルネット

クラヴィコール

バリトン・ホルンか何かと思われる三ピストンの低音金管楽器

六ピストンの金管楽器

ここに描かれた楽器には、いろいろ興味深い点が観察されるので、樋畑翁輔の注記を交えながら、以下、順に紹介していこう。

小太鼓には、「太鼓、小ノ者二尺余《あまり》」との注記がある。

大太鼓には、「同〈＝太鼓〉、大ノ者三尺余」と注記されている。この大太鼓の胴には婦人の像が描かれており、「紋様《もんよう》油絵」と注記されている。

ファイフと思われる無鍵の横笛には、「黒漆《くろうるし》」との注記があるが、おそらく黒檀《こくたん》製の笛であろう。吹き口の両側には輪がはめられ、「角《つの》」との注記があるが、象牙《ぞうげ》製の輪である

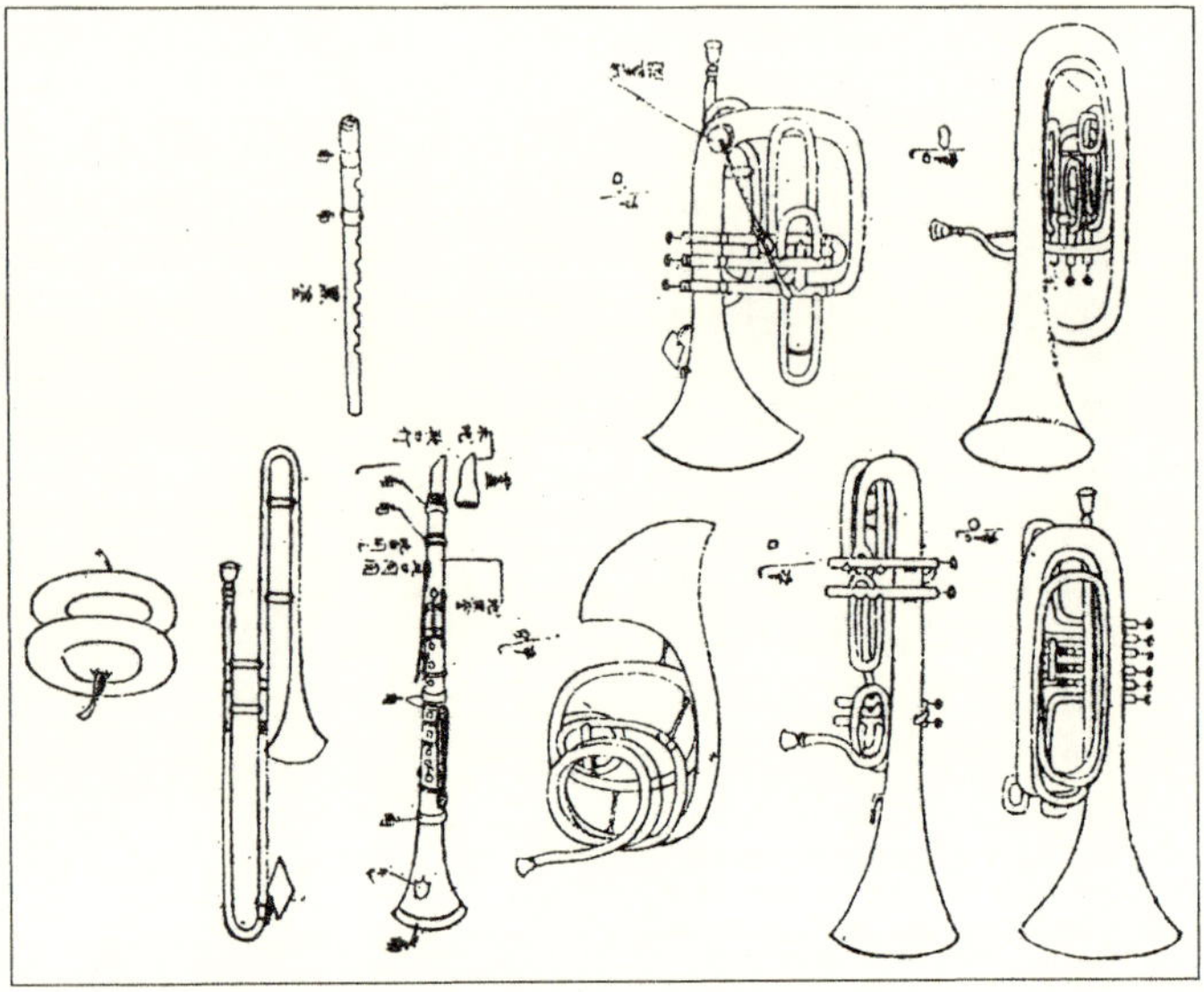

図5　描かれた楽器（2）

上段左よりファイフ、ピストン付きコルネット、バリトン・ホルン（?）、下段左よりシンバル、トロンボーン、クラリネット、ナチュラル・ホルン、クラヴィコール、ヴェンティル・トランペット（?）

かもしれない。

　クラリネットのマウスピース・キャップは、「蓋《ふた》、木地《きじ》」と注記されている。今日では、クラリネットのマウスピース・キャップは、普通、金属製であるが、当時は木製のマウスピース・キャップが使われていたことが分かって面白い。リード部分に「歌口《うたくち》　竹」との注記があるほか、細々とした注記があちらこちらに施《ほどこ》されている。

　この絵に描かれたトロンボーンは、トロンボーンの前身であるルネサンス時代の楽器「サックバット」以来の伝統を引いて、ベルの開き方が今日のトロンボーンよりも小さい。ベルの小さいこうしたトロンボーンは幕末から明治初年にかけて横浜に駐屯していたイギリス陸軍軍楽隊でも使われていたことが、残された写真から確認される。この絵でU字形のスライド管の上に描かれている菱形の物体は、楽譜立てである。

　ナチュラル・ホルンは、ピストンやシリンダーの付いていない、自然倍音のみ発する古いタイプのホルンである。

　この絵に描かれたピストン付きコルネットは、三ピストンの楽器で、ベルの手前にやはり楽譜立てが付いている。

　クラヴィコールは、ダネとギシャールが一八三七年に考案した軍楽隊用の低音吹奏楽器

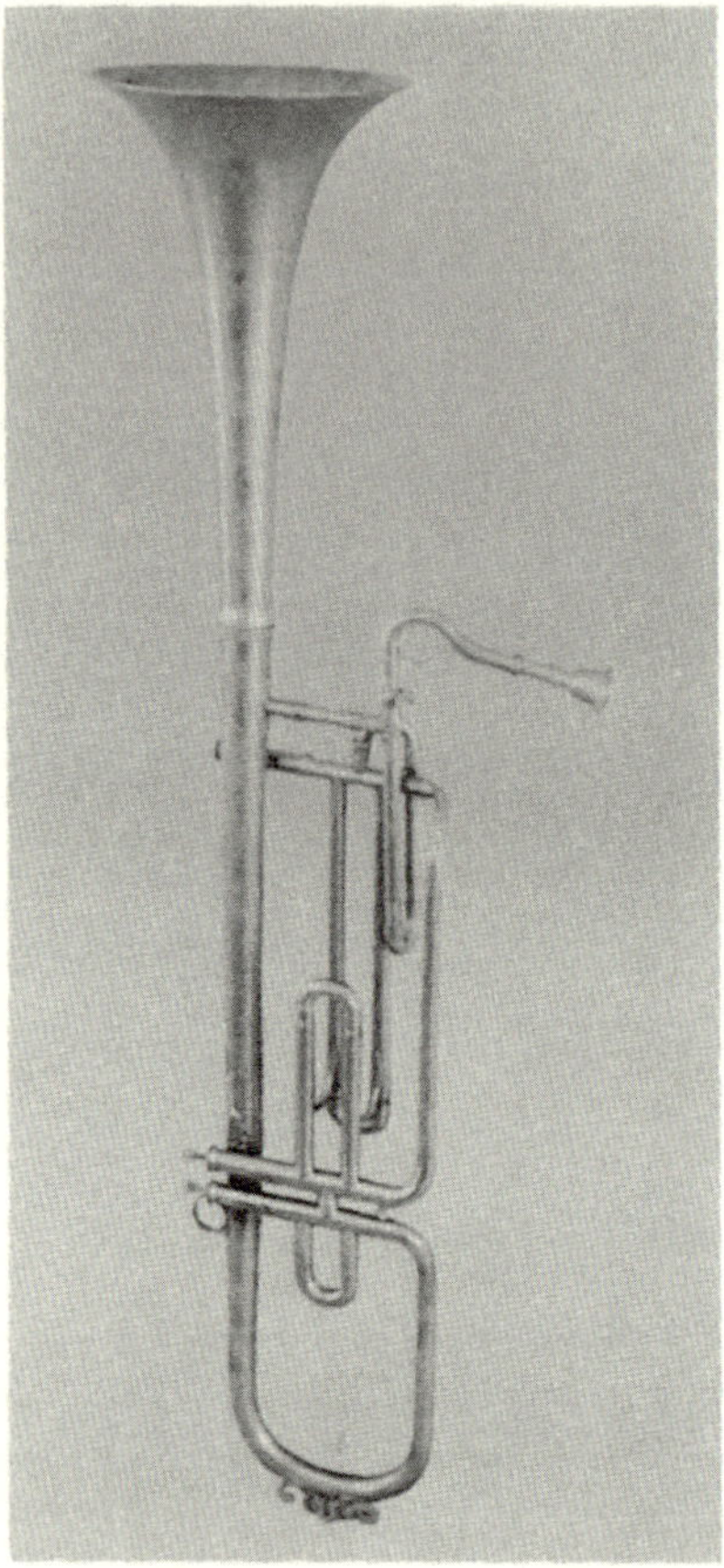

図6　クラヴィコール（浜松市楽器博物館蔵）

である（図6）。今日では廃《すた》れてしまった楽器であるが、前年に来航したロシアのプチャーチン使節団の軍楽隊でも使われていたことが、一行の長崎上陸行進の模様を描いた版画（川原慶賀原画。『来航譜』所収）から分かる。クラヴィコールは、ベルを上に向けて構えるため、右手用と左手用のピストンが上下に分かれて付いているのが特徴である。ピストンの数は楽器によって異なるが、日本に持ち込まれたのは、上下に二つずつピストンのついたタイプの楽器であったことが、樋畑翁輔の白描画から分かる。この楽器にも、ベルの途中、ちょうど演奏者の顔の前のあたりに楽譜立てが付いている。

この白描画に描かれたバリトン・ホルンに似た三ピストンの金管楽器が何であるかは、よく分からない。ベルを上に向けて構えるこのタイプの楽器は、この時代、よく似た形のものがいろいろ製作されているからである。

最後に挙げた、トランペットに似た六ピストンの楽器には、問題がある。六ピストンということになると、この楽器は両手でピストンを操作することになってしまうからである。そのようなトランペットは存在しない。

ここに描かれているのは、ヴェンティル・トランペット（ピストン式のトランペットではなく、シリンダーでロータリーを回転させて音高を変化させるタイプのトランペット）を見誤ったものではなかろうか。ドイツのマルクノイキルヒキルヒェン社が一八五五年から六〇年頃に製作したよく似た楽器が、ライプツィヒのの旧カール・マルクス大学楽器博物館に所蔵されている（図7）。このマルクノイマルクノイキルヒェン社製のヴェンティル・トランペットでは三つのシリンダーに対応した管がそれぞれ二本ずつ、合計六本束ねられており、その先端にはそれぞれ栓がある。その栓がピストンに似ているところから、樋畑はこれをピストンと見誤ったのではないかと思われる。ペリー第二回の来航時に持ち込まれたその他の金管楽器

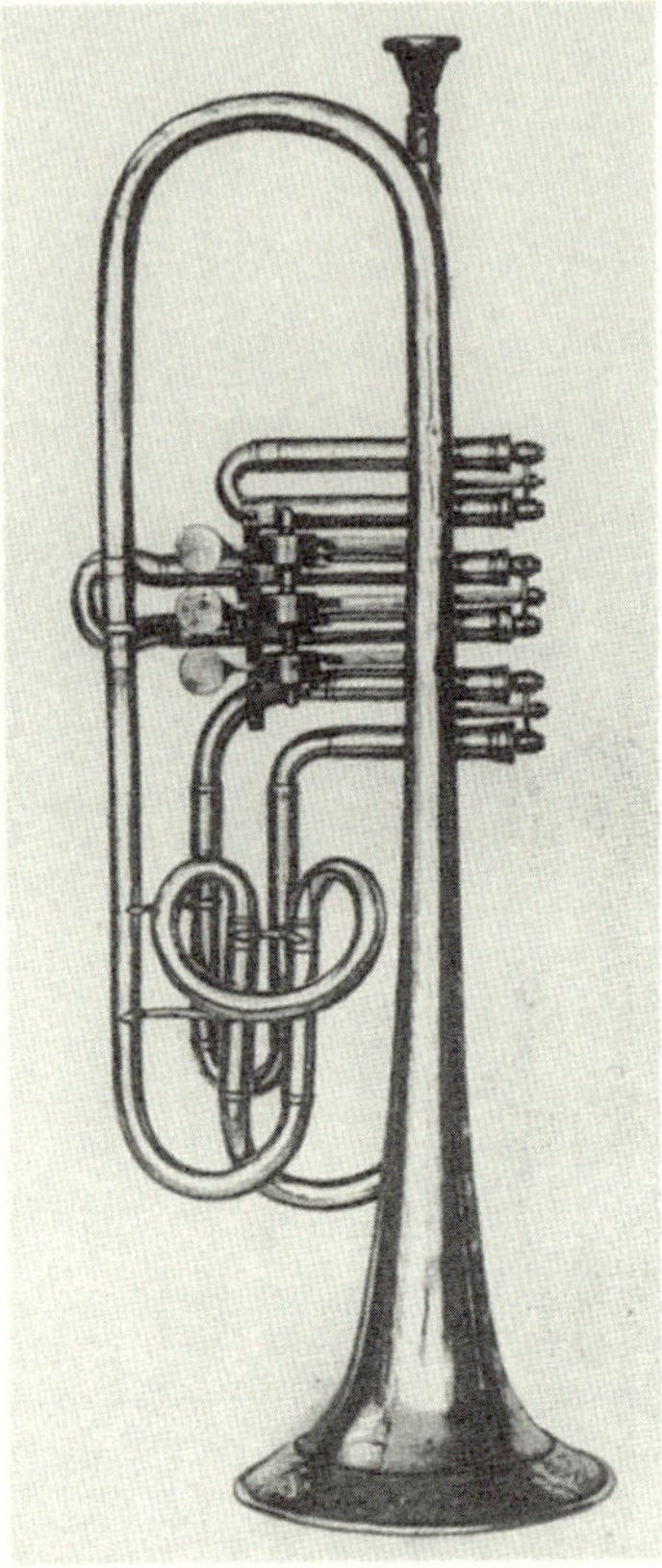

図7　ヴェンティル・トランペット（旧カール・マルクス大学楽器博物館蔵）

がいずれもピストン式の楽器であったから、樋畑はこの楽器もピストン式の楽器と思い込んでしまい、このように作図してしまったものと思われる。

なお、旧カール・マルクス大学楽器博物館所蔵の楽器はＦ管（基本音はヘ音）であるが、それと比較すると、樋畑の描いた楽器の方がいくぶん管が長い。日本に持ち込まれたのは、少し音域の低い、Es管（基本音は変ホ音）かＤ管（基本音はニ音）の楽器ではなかったかと思われる。

樋畑翁輔のこの下絵に基づくのが、松代真田家蔵「ペリー来朝浦賀紀行図」（『来航譜』

所収）である。そこでは、これらの楽器は見事な彩色で描かれている。

この二点の史料に描かれた楽器の図は、きわめて精密であり、ヴェンティル・トランペットの例に見るように、丹念に観察すればメーカーから型式まで分かりそうなほどである。

その他の楽器

樋畑の白描画では、この楽器図の上方、左右に、楽人たちが合奏している様子が描かれている。

図8　楽人たち
奥側左から二人目スライド・トランペット奏者、
手前側左から二人目オフィクレイド奏者

右側では九名の楽人が輪になって楽器を奏しており（図8、「此方《この》上赤」すなわち、赤い上着を着ているとの注記がある）、左側では十名の楽人が集まって演奏している。

その中に、先に挙げた楽器以外の楽器を奏している楽人が、両グループに一人ずついることが、楽器の構え方から分かる。

両手の掌《てのひら》を上に向けてトランペッ

トを構えている奏者がそれである。この構え方は、スライド・トランペットに特有の構え方である。スライド・トランペットとは、ピストン式トランペットやヴェンティル・トランペットのようにピストンやキーを押し下げて管長を変えて音程変化をもたらすのではなく、トロンボーンのように管をスライドさせて管長を変え、音程を変化させるトランペットである。この奏楽図から、ペリー第二回の来航時には、スライド・トランペットも持ち込まれていたことが分かる。そうしたことを知ったうえで、一八五四年六月八日（嘉永七年五月十三日）にペリー一行が下田で上陸行進している様子を描いたハイネの水彩画を見ると、隊列の中央の軍楽隊員の中に、細長い金管楽器を右手にぶら下げて行進している隊員がいることに気づく。この隊員が持っているのが、スライド・トランペットである。ハイネの原画に基づく石版画（『遠征記』所収）では、この隊員の持っている楽器は別な楽器に置き換えられてしまった。

この他、「米国使節ペリー渡来絵図写生帖」（『来航譜』所収）には、オフィクレイドと無弁ビューグルも描かれている（図9）。

オフィクレイドは十九世紀に使われた低音金管楽器の一つである。金管楽器ではあるものの、木管楽器のようにキーで指孔を開閉して音高を変える点が特徴である（図10）。ク

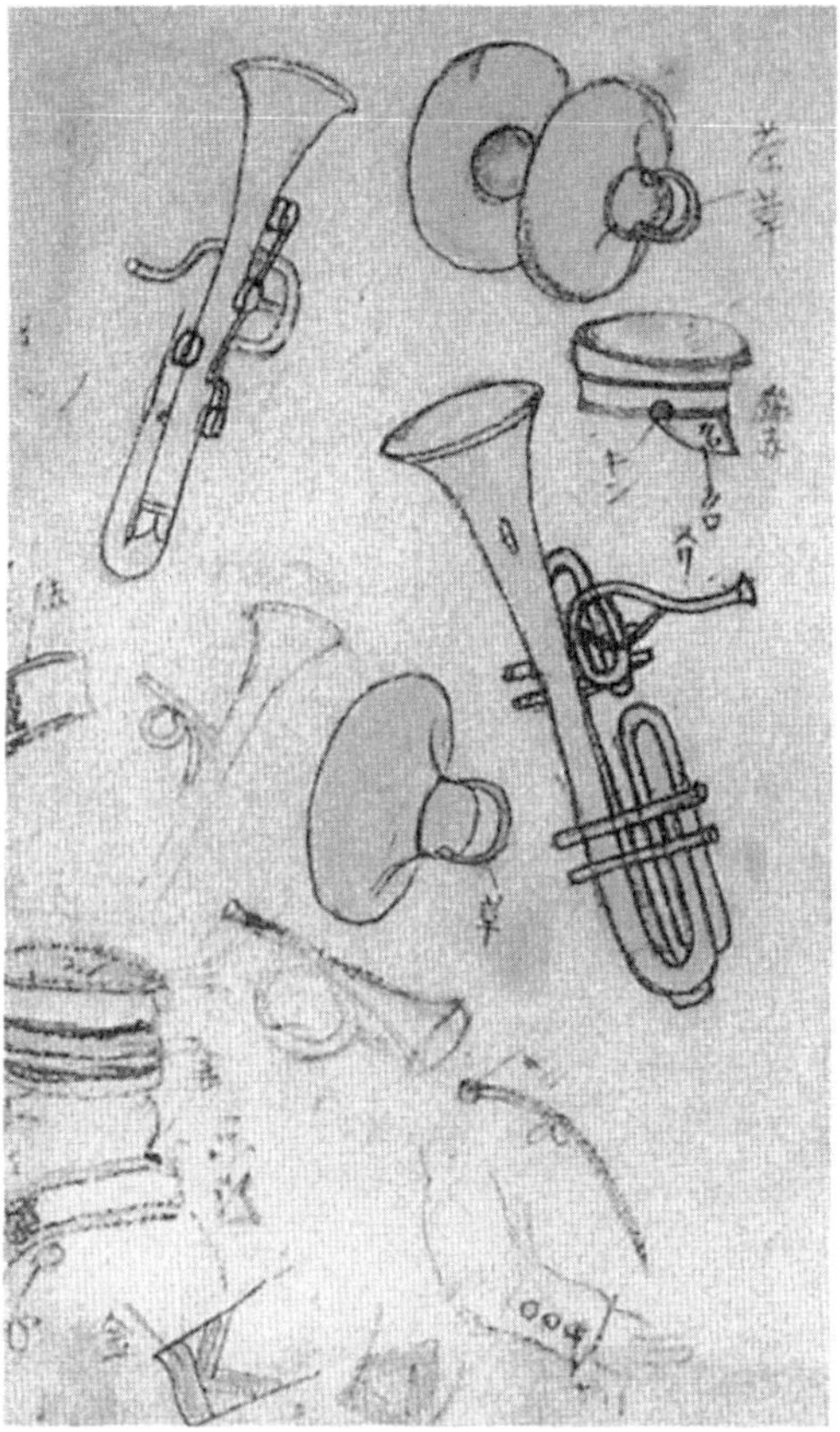

図 9　米国使節ペリー渡来絵図写生帖
左上端オフィクレイド、その右、上から順にシンバル、軍帽、クラヴィコール、片方のシンバル（その左は描きかけのクラヴィコール）、無弁ビューグル

ラシック音楽ファンであるならば、ベルリオーズの『幻想交響曲』（一八三〇年）でこの楽器が指定されていることをあるいは御存知かもしれない。現在では用いられなくなってしまった楽器であるため、今日『幻想交響曲』を演奏する際にはテューバかバス・トロンボーンで代用される。樋畑翁輔の白描画で右に描かれた軍楽隊のうち、左から二人目の隊員が演奏しているのがこの楽器である（図8）。そのことは、この楽器独特の構え方（ベルを斜め前方に向け、管尾を右の小脇に抱え込む）から分かる。

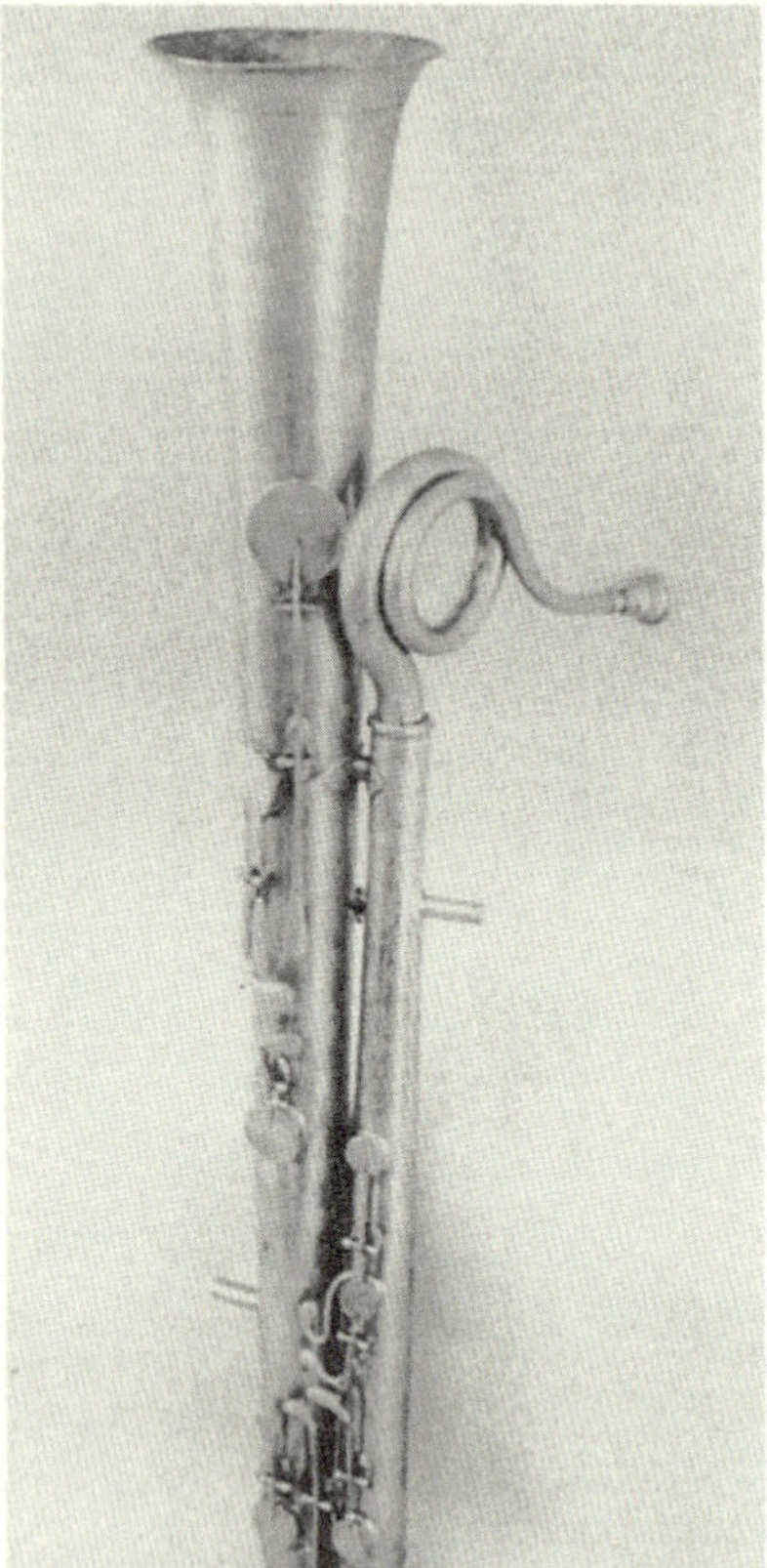

図10　オフィクレイド（浜松市楽器博物館蔵）

無弁ビューグルは、無弁の信号ラッパである。したがって、ここに描かれているのは、信号用の楽器であるかもしれない。ただし、この楽器は、吹奏楽に使われることもある。

このほか、この写生帖には、樋畑の白描画にも登場した、大太鼓・小太鼓・シンバル・クラヴィコールも描かれている。

横浜開港資料館蔵「(福田本)米艦渡来紀念ノ図」には、巻頭にシンバル、横笛(長さ八寸と記されているから、ファイフであろう)、クラリネット(「クラナイツ」と記され、また、「口の蓋《ふた》」すなわちマウスピース・キャップが塡《は》められていたことが注記されている)、それにおそらくヴェンティル・トランペットを見誤ったと思われる六ピストンのトランペットが、また、絵巻の中程には、大太鼓とオフィクレイドのほか、それぞれフルート、クラリネット、ナチュラル・ホルンと思われる楽器、それにもう一点正体不明の無弁の金管楽器が描かれているが、最後の四点になると、模写が幻想的なまでにねじ曲げられているために、正体がよく分からない。

描かれた楽人たち

こうした楽器群を手にした楽人たちの姿も日本側図像史料に描かれている。

すでに紹介した史料のほかに、鳥取県立博物館蔵「甲寅亜夷入津図全《こういんあいにゆうしんずぜん》」(『来航譜』所

図11　二人の楽人

中央にオフィクレイド（？）奏者（奥）と大太鼓奏者（福井市立郷土歴史博物館蔵）

収）には、大太鼓とおそらくオフィクレイドと思われる楽器を手にした赤の上着に青ズボンをはいた二人の楽人が描かれている。同じ原図に基づく絵が福井市立郷土歴史博物館蔵「合同舶入相秘記」（『来航譜』所収）にある（図11）。

津山松平家蔵「米利堅《メリケン》人応接之図」（『来航譜』所収）には、それぞれ小太鼓、シンバル、クラヴィコールを携えた上下黒の制服の三人の楽人と、ピストン付きコルネットと思われる楽器を手にした赤の上着に青ズボンの一人の楽人が描かれている。クラヴィコール奏者

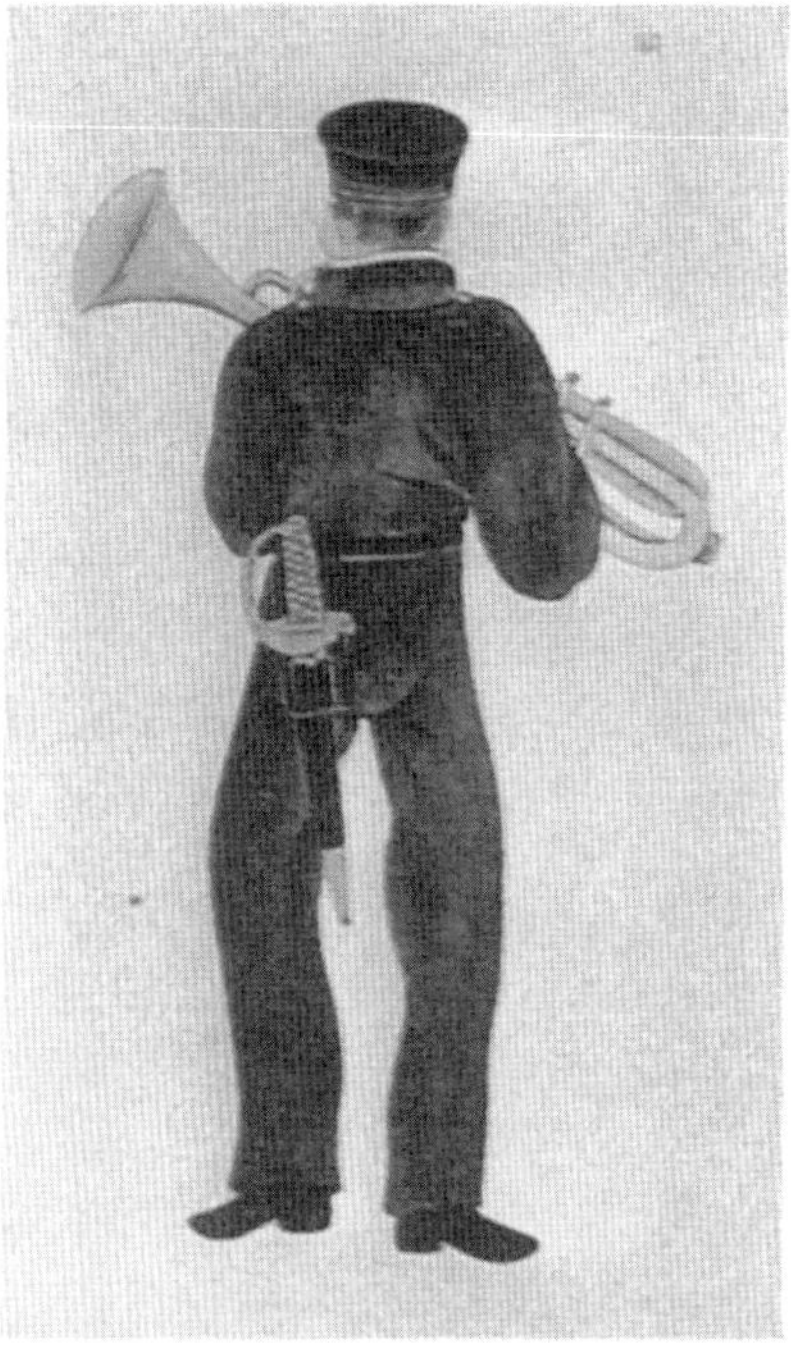

図12　クラヴィコール奏者（津山松平家文書写「米利堅人応接之図」東京大学史料編纂所蔵）

の図（図12）は、この楽器の構え方を今日に伝えている点で、音楽図像学上、貴重な史料である。ただし、クラヴィコールはベルを上に向けて構えるのが普通であって、ここに描かれたような構え方は珍しい。

ペリーの意気込み

以上のような図像史料に描かれた楽器群を整理してみると、以下のようになる。

打　楽　器　大太鼓、小太鼓、シンバル
木管楽器　ファイフ、クラリネット、フルート（？）
金管楽器　無弁ビューグル、ピストン付きコルネット、ヴェンティル・トランペット、スライド・トランペット、トロンボーン、ナチュラル・ホルン、オフィクレイド、クラヴィコール、（おそらく）バリトン・ホルン

オフィクレイド、クラヴィコール、バリトン・ホルンといった当時最新鋭の金管楽器群が目を引く。

こうした多彩な金管楽器群を携《たずさ》えて、ペリーは横浜に上陸した。前年、久里浜に上陸したときには、「大ラッパ」「小ラッパ」の二種類の金管楽器しか携えてこなかったのとは対照的に、ペリーは横浜上陸時には、上記のような多彩な楽器群を伴って上陸したのである。

そこには、日本に最新のアメリカの音楽文化を紹介しようとのペリーの意気込みが感じられる。

ペリーは、第二回の来航時、幕府に対するさまざまな贈り物を持ってきた。蒸気機関車（といっても、実物の四分の一の大きさであるが、人を乗せて充分走ることができる）、電信機、ライフル銃、ピストル、農業機械、などがそれである。ペリーは、当時最新式のこれらの品々を贈ることにより、西洋の最新の科学技術を日本に紹介し、鎖国の夢を貪《むさぼ》る幕府に開国を促《うなが》そうとした。それと同じことが音楽に関しても行われたのである。ペリーは、最新鋭の楽器を使って、最新のアメリカ音楽を日本に紹介しようとしたものと推測される。

ここで指摘しておきたいのは、こうした事実は、アメリカ側の史料には一切触れられておらず、日本側の図像史料の分析を通じてのみ分かる、という点である。ペリー来航時の状況を知るためには、やはり日本側史料の調査が不可欠である。

これらの楽器の中には、今日では博物館でガラス越しに眺めるほかない楽器もある。そうした楽器を目《ま》のあたりにし、それらの楽器の響きを実際に耳にした幕末の絵師や幕府役人たちは、今日の音楽愛好家たちよりも恵まれていたのかもしれない。

葬送の響き

葬　儀

埋葬式

一八五四年三月八日（嘉永七年二月十日）、この日初めて横浜に上陸したペリーは、林大学頭以下の幕府側応接掛と第一回の会見を行った。

この会見のなかで、ペリーは、二日前に死亡した海兵隊員ロバート・ウィリアムズの遺体を日本に埋葬させて欲しいとの希望を日本側に伝えた。

幕府側は、慣例に従って長崎に埋葬することを提案したが、アメリカ側は納得せず、埋葬地として夏島《なつしま》を割譲してくれるよう要求した。

折衝の結果、遺体は、停泊中の艦隊からも望見することのできる横浜増徳院の墓地に埋葬することで合意がなった。

翌三月九日に葬儀が行われた。

夕方五時頃、艦隊付き牧師ジョーンズ師ならびに海兵隊員らが遺体とともに上陸し、増徳院墓地まで行進した。ジョーンズ師は、聖公会《エピスコパル》の司式に則って葬儀を執行した。

「渡来日記　石川本」は、次のように葬儀の模様を記している。

十一日　黒船中病死の者これあり候につき、願い済みの上にて今日葬式これあり候。其《そ》の次第、左《さ》の通り。小舟三艘にて横浜村矢戸〔谷戸《やと》〕と申す処《ところ》へ舟を着け、鉄砲方・楽人方舟より出で候《そうら》えば、陸地にて囃《はや》し始め候。舟中にて棺をかき揚ぐる。追々異人上陸す。一番鉄砲二人、次に三人、次に二人、都合《つごう》鉄砲七挺、次に笛一人、太鼓一人、塔婆持ち二人、僧に似たる衣を着す異人一人（この人上官なり）。三月十日に初めて知る）、次に棺持ち四人、手伝い十人、都合二十五人《（ママ）》、路次の案内として合原操蔵。異人残らず上陸いたし、道々も囃し仕《つかまつ》り参り候ところ、真田侯御馬屋《おんうまや》の近辺通り候時、聞き馴《な》れず、見馴《な》れつかまつらざる異人異形《いぎょう》のいでたち、且《か》つ笛太鼓の音《ね》に驚き数十疋《ひき》の馬一度に跳ね踊り、大騒動仕り候。（中略）葬式相済み、帰る路々《みちみち》、前の通りに囃し仕り候。尤《もっと》も、真田侯御馬屋処《どころ》は、囃し休み行き、過ぎて後にまたまた囃し仕り候。

往路に真田藩陣屋の馬小屋の脇まで一行が差し掛かったところ、馬が驚いて暴れたので、帰途は馬小屋の前では葬送音楽を吹き止めて通過するなど、悲しみのなかにもどこかおかしさが混じる葬儀だったようである。

描かれた葬列

一行が上陸した地点は「矢戸」とあるから、今日の谷戸坂《やとざか》下のあたりであろう。しかし、先に述べたように、今日の堀川はペリー来航時にはまだ切り開かれていなかったから、一行が上陸したのは、今日の「港の見える丘公園」と地続きの「フランス山」（幕末にフランス軍が駐屯したところから、この名がある）の下の浜あたりか、堀川を挟んで対岸にある「人形の家」あたりであったかもしれない。

一行はそこから今日の元町通りを通って、墓所に向かった。

一行が増徳院の山門前を通過しているところを描いた樋畑翁輔の白描画がある（図13）。小銃を担いだ三人の兵士が先頭を歩み、次に同じく四人の兵士が歩む。先に引用した日本側史料には「一番鉄砲二人、次に三人、次に二人」と記されているが、この絵では隊列の順序は異なっている。

その後ろにファイフを演奏する楽員が一人。その次に太鼓奏者が一人。彼は、「消音ドラム」（葬送用に音をくぐもらせたドラム）を演奏している。

91　葬　儀

図13　増徳院前を行く葬列

葬送用に太鼓の音をくぐもらせる方法には幾通りかがあるが、ペリーが来航したときには、黒布でドラムを覆う方法をとったようである。五月にペリー一行が箱館に赴いた際にも、船中で死亡したヴァンダリア号乗り組みの二人の船員の葬儀が行われた。翌一八五五（安政二）年、箱館を訪れた平尾魯仙は、ペリー一行の箱館来航時の様子を目撃者に尋ね、その聞き書きを「箱館夷人談」にまとめた。その中に次のような記述がある。

　笛は和製に等しく横笛にして、紙縒《こより》を以《もつ》て巻き（八所ばかり）、赤黒の二色に塗りて長さ一尺三寸ばかり、清亮《せいりょう》なる韻《いん》声なりと云《い》えり。太鼓は皮の経《けい》一尺二、三寸、胴の長さは二尺ばかり、製は和の鋲太鼓《びょうだいこ》〔鋲留太鼓〕のごとく、半ばごろは少し張りたれども、皮のはりかた大《おおい》に異にして、裏表とも二寸ばかり胴の内に張りつけたり。さて、此《こ》の太鼓を黒き絹にて全体を包み、打ち処《どころ》のみ少しあけ、縁《ふち》に設けし緒《お》を取《とり》て右《(ママ)》の膝の辺《あたり》にさげ、柳の枝条《えだ》のごとき撥《ばち》二本にて撃つとなり。其《その》音えんえんとして、あたかも三、四鼓の響きに聞こゆるとなり。

箱館での葬儀に使用した横笛の長さは「一尺三寸ばかり」というが、これはファイフに間違いない。「赤黒の二色に塗りて」というのは、何を意味するものかよく分からない。ローズウッド製の笛であったために、そのような色に見えたのかもしれない。「紙縒を以て巻き（八所ばかり）」というのも、よく分からない。胴にはめた牛角もしくは象牙製の輪が白い「紙縒」に見えたのかもしれない。

太鼓は、「胴の長さは二尺ばかり」というから、小太鼓である。樋畑翁輔の残した白描画に書き込まれた「太鼓、小ノ者二尺余」との注記と一致する。

この記録にあるように、箱館では太鼓全体を黒布で包んで、音をくぐもらせた。横浜での葬儀のときも、同じ手法で音を押し殺したのであろう。

再び、樋畑翁輔の描いた横浜での葬送の図に戻ろう。

鼓手の後ろには祭服を着用したジョーンズ師が進み、その後ろには棺を担《かつ》いだ四人の兵士と大小二つの墓碑を担いだ兵士、それに会葬の兵士たちが続く。このあたりの情景は先に引用した「渡来日記」の内容とよく一致する。文章・絵図とも正確な観察に基づく記録であったことが確認される。

絵には、一行を先導する二人の幕府役人が描かれているが、そのうちの一人は先の記録に名前の出てくる浦賀奉行所与力の合原操蔵であろう。列の脇にもう一人、列の後尾にさらに二人の役人がいて、合計五人の役人が葬列に付き添っている。

道の両側では当時の横浜元村（今日の元町）の住民たちが一行を見送っている。増徳院の山門側に並んだ大人たちは神妙に頭を垂れているが、手前側の住民たちは、異人の葬列と初めて耳にする異国の葬送音楽に興味を惹かれてか、物見高そうにあちらこちらを向いている。なかには、子供をおぶった女性の姿も見える。ファイフとドラムによる西洋の葬送の響きは、当時の日本人にとって確かに珍しいものだったに違いない。

図の右上では、二人の人夫が墓穴を掘っており、その作業を幕府の役人やアメリカ人兵士たちが見守っている。道が増徳院の角で左に折れた、そのちょっと先の地点である。

横浜外国人墓地

横浜増徳院があった場所には、今日「元町プラザ」が建っている。ビルの背後の岡は樋畑によって描かれた絵の面影をよく残している。通りを挟んだビルの向かい側には、増徳院の薬師堂が今でも残っている。

ペリーの横浜来航時、警備にあたった真田藩は増徳院を陣屋としていた。したがって、その馬屋も、どこかこの近くにあったと思われるが、樋畑の絵には描かれていない。この絵には、増徳院の境内に向かう左右二つの石段のうち、左側の石段の登り口に「望月主水《もんど》」「医師　祐筆《ゆうひつ》」と書いた立て札が立っている様子が描かれているが、この人物が真田藩の関係者であったかどうかも分からない。

ウィリアムズの遺体が埋葬されたのは、今日の横浜外国人墓地の一画であった。というよりも、ウィリアムズの遺体の埋葬をきっかけとして、横浜開港後、ここが外国人の遺体の埋葬場所となり、これが横浜外国人墓地に発展したのである。

ウィリアムズの遺体は、今日の横浜外国人墓地の元町側通用門に近い二十二区のあたりに埋葬されたに違いない。樋畑の絵で人夫が墓穴を掘っているのはこのあたりであるし、この一画には、生麦《なまむぎ》事件で殺されたリチャードソンの墓や、安政六（一八五九）年の横浜開港直後に居留地で攘夷派浪士に暗殺されたロシアの見習士官モフェトと兵士ソコロフの墓、同じく万延元（一八六〇）年に殺害されたオランダ人商人デッケルと船長フォスの墓など、外国人墓地の中でも古い時代の墓がかたまっている。幕末の絵図にしばしば描かれたモフェトとソコロフの記念堂（アーチ型の構造物の上に丸い玉を載せていた）はもはや残っていないが、デッケルとフォスの墓に立つ背の高いピラミッド型の記念碑は今もある。

ただし、ウィリアムズの遺骸は三ヵ月後の嘉永七年五月二十日に下田の玉泉寺に改葬されたため、彼の墓は今はない。

樋畑の白描画に出てくる大小二つの墓碑を描いた絵も残されている。「ペリー来朝浦賀紀行図」（『来航譜』所収）所収の絵がそれであるが、それによると、大きな方の墓碑には「海兵隊兵士ロバート・ウィリアムズの思い出に捧ぐ。彼は日本の江戸湾停泊中の合衆国蒸気船ミシシッピー号艦上で一八五四年三月六日にこの世を去った。享年二十四歳」との文字が、小さな方の墓碑には彼のイニシャルである「R. W.」の文字が刻まれていたことが分かる。黒船来航関係の文献には、死亡したウィリアムズはしばしば「アメリカ水兵」と記されているが、この碑銘から明らかなように、正しくは彼は「アメリカ海兵隊員」であった。

この碑銘は、今日、下田の玉泉寺にあるウィリアムズの墓標の文面とは異なっている。横浜に立てられた墓碑は改葬の際に廃棄され、下田で新たな墓標が作られたのであろう。横浜外国人墓地の二十二区の辺りを掘り返してみれば、案外この墓碑の残骸が出てくるかもしれない。

元町に鳴り響いたヘンデル

葬送行進曲

先に引用した「渡来日記」の記事を読むと、葬送行進はずいぶん長く続いたような印象を受けるが、実際に現地に行ってみると、葬送行進は案外短かったことが分かる。一行が上陸した谷戸のあたりからウィリアムズの遺骸の埋葬地点までは二、三百メートルにすぎない。ゆっくり行進したとしても、五分とかからない距離である。この短い距離の間で、葬列が上陸し、葬送行進が始まり、真田《さなだ》藩の馬屋で馬が暴れ……、といったドラマが生じたのである。

ここから、当日演奏された葬送行進曲も、それほど長い曲でなかったことが分かる。

それでは、どのような音楽が演奏されたのであろうか。

ペリーの伝記の中で、モリソンは、このとき演奏されたのは、ヘンデルのオラトリオ『サウル』の中の「葬送行進曲」である、と記している。おそらく、モリソンが参考資料に挙げている海兵隊鼓手フィリップ・C・ヴァン・バスカークの未公刊日記に基づく情報であろう。

幕末の横浜元町で、ヘンデルが演奏されていたのである。

ヘンデルの『サウル』

ヘンデルのオラトリオ『サウル』（一七三八年）は、旧約聖書の「サムエル記」に記されたダヴィデとサウルの物語を題材にしている。「葬送行進曲」は、その第三部で演奏される。ペリシテ人との戦いで息子たちとともに戦死したサウルの遺骸が運び込まれる場面で演奏される。

原曲はフルート二本とトランペット三本、ティンパニー、弦楽合奏と通奏低音のために書かれているが、演奏を聞いてみればすぐ分かるように、容易に横笛一本と消音ドラム用に編曲できる。海兵隊の葬送行進に採用された理由はこのあたりにあるのであろう。一代の英雄であったサウルの死を悼《いた》む葬送行進曲という設定も、この曲の選択の理由になったに違いない。

演奏時間は三分半ほど。ただし、旋律の各部分を反復しての演奏時間であるから、反復を省略すれば半分の演奏時間で済む。谷戸口から横浜外国人墓地の入り口までの短い距離を行進するのにふさわしい長さである。

この曲は、葬送行進曲としては珍しく長調で書かれている。そのため、悲しみの中にも、どこか明るさが漂《ただよ》っている。この曲が幕末の元町に流れたかと思うと、どこか救われたような気分になる。異郷に果てたウィリアムズの魂も、この葬送行進曲ならば、安らぎを得たであろう。

下田・箱館での葬儀

こうした葬儀は、ペリーの第二回来航時に何度か行われた。

下田では、ウィリアムズの遺骸の改葬とは別に、五月六日（四月十日）に一人の水兵の葬儀が行われた。

一八五四年五月から六月（嘉永七年四月―五月）にかけての箱館滞在中には、五月二十六日（四月三十日）と二十八日（五月二日）に二人の乗組員の葬儀が行われた。その様子は、『亜墨利加《アメリカ》一条写』や平尾魯仙の「箱館夷人談」に記されている。こうした葬儀の際にも、ヘンデルの葬送行進曲が下田や箱館の空に流れたのかもしれない。

ミンストレル・ショー

日米交歓会

饗宴

三月八日の横浜初上陸、三月十七日の幕府側応接委員との再協議、それと並行して進められた日米の実務者同士の会談や覚書《おぼえがき》の交換などを通じて、ペリーは日本側から多くの譲歩を引き出すことができた。その結果、日米和親条約締結の見通しもほぼ固まった。

そうしたところから、ペリーは、三月二十七日（嘉永七年二月二十九日）に林大学頭《だいがくのかみ》以下の幕府側応接掛や浦賀奉行所の関係者を艦上に招いて、慰労と交歓を兼ねた饗宴を催すことにした。

当日、彼らは、まずマセドニアン号に招待され、次いでポウハタン号に移乗して、兵装や機関、操艦や訓練の模様を見学した。

その後、会食に移ったが、食事の間、軍楽隊が数々の音楽を演奏して祝宴に華を添えた。その模様は『遠征記』に収録された版画（ハイネ原画）に描かれている。金管楽器のベルが空中に突き出ている様子から、奏楽には前々章でみたようなさまざまな楽器が加わっていたことが分かるが、残念なことに、軍楽隊の像が小さすぎて、個々の楽器を特定するにはいたらない。

会食後、夕方五時半から余興に移った。ここで、当日の呼び物であったミンストレル・ショーが開催された。

ミンストレル・ショー

ミンストレル・ショーとは、顔や手を黒塗りにして黒人に扮した白人たちが、黒人訛《なま》りで歌ったり、踊ったり、あるいは珍妙なスピーチを繰り広げたりして観客を楽しませるショーをいう。

こうした芸そのものは、十八世紀の後半からあった。一七六八年にイギリスのオペラ歌手兼作曲家のチャールズ・ディブディン（一七四五—一八一四）が、あるオペラの中でそうした役柄を演じてみせたのが最初といわれる。

その後、一八二二年にアメリカを訪れたイギリスの芸人チャールズ・マシューズが黒人の歌や話し方に興味を抱いて舞台で真似てみせたのが、この種の芸が流行するきっかけとなった。

一八二〇年代から三〇年代にかけてアメリカで流行したこうした芸のことを、一八四〇年代以降に流行した本格的な「ミンストレル・ショー」と区別するために、ここでは「ミンストレル芸」と呼ぶことにする。一八二〇、三〇年代に流行した「ミンストレル芸」の特徴は、芸人が自分の芸を舞台で披露する一人芸であった点と（ただし、伴奏者や合唱が付く場合もあった）、サーカスや舞台の合間に演じられた（つまり、独立したショーではなかった）点にあった。

ダン・エメット　こうした「ミンストレル芸」を本格的な「ミンストレル・ショー」に仕立て上げたのは、ダン・エメット（一八一五—一九〇四）であった。

彼は一八四三年に他の三人のミンストレル芸人（すでに名前を挙げたディック・ペラムのほかに、ビル・ホイットロックとフランク・ブラウワー）とともに〈ヴァージニア・ミンストレルズ〉というグループを結成して、圧倒的な人気を博した。〈ヴァージニア・ミンストレルズ〉の成功の秘訣は、「ミンストレル芸人」としてすでに経験を積んでいたメンバーが集まったことに加えて、メンバーの間で当意即妙な会話を交わしながら歌や踊りを繰り広げるという新しいパターンを確立した点と、そうしたショーだけで一夜の公演を打つという新機軸を生み出した点にあった。〈ヴァージニア・ミンストレルズ〉が爆発的な人気を得たことがきっかけとなって、それから南北戦争（一八六一～一八六五年）後の時代まで、アメリカでは空前のミンストレル・ショー・ブームが起こった。

ダン・エメットに関して忘れてならないのは、彼が『ディクシー』（一八五九年）の作曲者であった点である。元来ミンストレル歌曲として作曲されたこの曲は、南北戦争中、北軍側を代表する愛唱歌が『リパブリック讃歌』（「権兵衛さんの赤ちゃんが風邪引いた」の歌詞で知られる）であったとすれば、南軍側を代表する歌として愛唱された。曲名だけではピンと来ない方も、旋律を聞けば「ああ、あの曲か」とすぐにお分かりいただけるものと思う。

クリスティー一座

ダン・エメットの率いる〈ヴァージニア・ミンストレルズ〉は、ニューヨークとボストンで大当たりを取った直後、イギリスに向けて出発した。その空隙を突いて頭角《とうかく》をあらわしたのが、エドウィン・ピアース・クリスティー（一八一五―一八六二）の率いる〈クリスティー一座〉であった。

〈クリスティー一座〉の人気の秘密は、〈ヴァージニア・ミンストレルズ〉の不在に付けこんだ点にあったばかりではない。ミンストレル芸人としてのキャリアをすでに積んでいたメンバーの才能に加えて、スティーヴン・コリンズ・フォスター（一八二六―一八六四）という名の新進作曲家の歌を舞台で積極的に取り上げた点にあった。

フォスター　ピッツバーグ郊外のローレンスヴィル（現在はピッツバーグ市内）に生まれたフォスターは、早くから歌曲創作の才能を顕《あらわ》していたが、シンシナティの兄の許《もと》に身を寄せていた二十歳の頃から、彼の歌曲はシンシナティ市民の間で、次いでアメリカ東部の広範な地域で、愛唱されるようになった。クリスティーは、『おお、スザンナ』（一八四八年海賊版出版）、『ネリー・ブライ』（一八四九年出版）といったそうしたフォスター歌曲の人気を嗅ぎつけて舞台で積極的に取り上げ、人気を博したのである。

クリスティーは、その後、故郷ピッツバークに逼塞《ひっそく》していたフォスターを一八五〇年に捜し出して、新作歌曲初演権を一座に委《ゆだ》ねる契約を結ぶことに成功した。

こうしたクリスティーとの提携関係から、『草競馬』（一八五〇年）、『バンジョーを鳴らせ』（一八五一年）、『故郷の人々（スワニー河）』（一八五一年）、『主人は冷たい土の中』（一八五二年）といったフォスターの名曲が次々と〈クリスティー一座〉の舞台を飾るところとなった。

ペリーが日本に来航したのは、一座の人気が絶頂を迎えていた時期であった。当時ミンストレル・ショーといえば、〈クリスティー一座〉の公演がその代名詞となっていた。ペリーも、艦隊乗組員が横浜で行ったミンストレル・ショーを評するのに「彼〔林大学頭〕とその補佐官たちは、クリスティー一座の観客たちがかつてそうしたのと同じくらい、楽しく笑った」と日記に書いているし、『遠征記』も、また、「彼らは、クリスティー一座に加入してニューヨークで公演しても観客たちから大いに喝采を得たことであろう」と記している。

ここでフォスターに関して付け加えておけば、彼の歌曲のうち、『なつかしきケンタッキーの我が家』（一八五三年）や『金髪のジェニー』（一八五四年）が作曲されたのは、ちょうどペリーの日本遠征期間中であった。また、『オールド・ブラック・ジョー』（一八六〇年）や『夢見る人（ビューティフル・ドリーマー）』（一八六二年）などは、ペリー帰国後に作曲された。

ペリーの日本遠征は、まさにフォスターの創作活動と併行して行われたのである。

横浜で上演されたミンストレル・ショーの模様を描いた絵に、二種類の絵があることはよく知られている。同一構図の絵が何点か残されているが、これらは、いずれも、松代真田藩の依頼でペリー第二回の来航時に絵師を務めた高川文筌《たかがわぶんせん》が、樋畑翁輔《ひばたおうすけ》とともども作成した写生に基づいて彩色画に仕上げたものと推測される。

描かれたミンストレル・ショー

ペリー第二回の来航時、高川は幕府応接委員の一人伊沢美作守《みまさか》付きの医師、樋畑はその薬持ちという名目で枢要な場所に出入りしていた。ミンストレル・ショーが行われた三月二十七日にも、二人はそうした肩書きでポウハタン号艦上での饗宴に潜《もぐ》り込んだものと思われる。

二種類の絵のうちの一つは、合奏図である。顔と手を黒く塗り、赤い鬘《かつら》を被《かぶ》り、黄色地に花柄を散らした上着に青の縞《しま》ズボンをはいた九人のグループが椅子《いす》に腰掛けて演奏している様子を舞台の下手《しもて》（舞台に向かって左）側から描いたものである（口絵2）。ペリー来航時の幕府筆頭老中であった福山藩主阿部正弘の家系に伝わった絵では、メンバーは、赤と黒の花柄を散らした桃色がかった上着を着用し、鬘《かつら》の色も茶色であったかのように描かれているが、これは絵の具が褪色《たいしょく》したものか、文筌が、用紙の地色（茶色）に配慮して、絵の具の使用を手控えた結果と思われる。

九名という演奏者数は、次の記録とも一致する。

> それより夷人《いじん》のうち九人顔を黒く染め、三絃《さみ》を弾き、踊り御覧に入れ（この図別にあり）御興応申し上げ候よし。（中略）右《みぎ》船中の様子、通詞《つうじ》何某《なにがし》より承り候間《あいだ》、認《したた》め置く。（「随聞積草」）

メンバーが手にしている楽器は、舞台上手《かみて》（向かって右側）から順に、タンバリン、トライアングル、ギター、ヴァイオリン二挺、バンジョー、フルート、ギター、ボーン・カスタネット（動物の骨を指の間に挟《はさ》んで打ち鳴らす、一種のカスタネット）である。

彼らの足下には、蠟燭《ろうそく》を光源としたフット・ライトが置かれている。このフット・ライトを単独で描いたものに、横浜開港資料館蔵の「（福田本）米艦渡来紀念ノ図」がある。

ショーの様子を伝えるもう一枚の絵は、メンバーの一人が踊っているところを描いたものである（口絵3）。先に引用した「随聞積草」に「この図別にあり」とあるのは、この絵を言うものであろう。左足を大きく挙げて踊っているところと、足を交叉して踊っているところとを正面と背後からそれぞれ二面ずつ描いた、合計四ポーズの絵が残されている。

東京大学史料編纂所蔵の「ペリー渡来絵図貼交屛風《はりまぜびょうぶ》」には、九人の合奏団の前で二人の人物が踊っている構図の絵が貼られているが、これは上記の二種類の絵を合成したものである。ミンストレル・ショーではメンバーが歌も踊りも兼ねるのが通例であったから、九人の演奏家のほかに踊り手が登場したと考える必要はない。

ショーの記録

林大学頭以下の幕府側応接委員は、このショーを大いに楽しんだようである。そのため、日米双方の文書に多くの記録が残されている。

ペリーは、「林の厳粛さでさえもこの非常に面白い見せものが起こした陽気な楽しさに逆らうことはできなかった」と日記に書き残している。また、「小倉藩横浜日記」（『維新』二―五）にも「音楽奏し、中にも黒人坊《くろんぼう》手踊《ておど》りいたし見せ候よし。これは格別興に入られ候趣《おもむき》に候」との伝聞が記されている。

さらには、士官候補生としてマセドニアン号に乗り込んでいたスプロストンの次のような記述もある。

黒塗りの紳士たちが登場した時、我らが素朴な客人たちの間から驚きのつぶやきが起こった。もじゃもじゃの頭、突き立った大きなシャツの襟《えり》、黒い顔、それと対照を成す黒と黄色のストライプの上着、ひだの付いたシャツ、それに黒人バンド定番のズボン、という出で立ちは、彼らにとって心底初めて目にする代物《しろもの》であった。ボーン・

カスタネット奏者が「ヤァヤァ、サンボ、どうだい？」とカスタネットを鳴らしながらタンバリン奏者に呼び掛け、それに応《こた》えてタンバリン奏者が彼らの鼻先で楽器を打つ。幕府側委員の面々は笑いを噛《か》み殺すのに苦労した揚げ句、死んでしまうのではないかと思われた。彼らは、我々のように大口を開けて笑わないからである。ダンスがもっとも受けたようだ。ダンスの最中、目をやると、驚いたことに、主席応接委員の腕が提督の肩に廻《まわ》されているのを見た。

幕府要人たちの大笑ぶりは、傍らで見守るスプロストンを心配させるほどだったようである。

スプロストンは、主席応接委員（林大学頭）がペリーの肩を抱いて喜悦を表したと書いているが、じつのところ、ペリーの肩を抱いたのは、応接委員の一人で目付役の儒者《じゅしゃ》、松崎満太郎ではなかったかと思われる。彼は、感激のあまり、退艦時にペリーに抱き付いて「日本とアメリカ、同じ心」と叫んだと伝えられている人物である。ペリーは「その時、彼は、私の肩章を押しつぶした」と日記でこぼしている。

ミンストレル・ショーのメンバーが着ていた上着に関するスプロストンの記述は、先に記したメンバーの衣裳記録と矛盾しているかのように思われるかもしれないが、当日彼らが着ていた上着がスプロストンの目には黄色と黒のストライプ模様に見えた、というのが真相であろう。

他の記録には、次のようにある。

> 又、彼《か》の楽を致し候楽器、三味線二人、小弓《こきゅう》二人、太鼓一人、四竹《よつだけ》一人、横笛一人、鐘一人。又クロンボウ数人おどり候よし。又、我が浦賀与力も踊り候者これあり候よし。(「合同船入相秘記」、『維新』二―五。この記録は『松平春嶽全集』所収の「合同船入相秘記」には欠けている)

文中の「三味線」はギター、「小弓」は「胡弓《こきゅう》」の当て字でヴァイオリン、「太鼓」はタンバリン。ボーン・カスタネットを「四竹」(竹を四つ割りにしたものを指の間に挟んで打ち鳴らす楽器)と訳したのは言い得て妙である。材質こそ違え、両者の演奏の仕方は同じである。「鐘」はトライアングル。バンジョーが抜けているものの、当日の楽器編成をほぼ正確に記録している。

ポルカを踊った日本人

乗組員に誘われて踊りに興じた日本人がいたことは、スポルディングの日記にも出てくる。

夜になって、日本人は船の前甲板で主演目であるミンストレル・ショーを鑑賞した。これは大いに受けた。実際、開演前の彼らの禁欲的なまでの重鎮さは吹き飛んでしまった。彼らのうちの一人は、宵《よい》のうちに、機転の利《き》く海軍兵学校生徒に誘われて、上甲板の下でポルカに興じていた。

ポウハタン号乗り組みのマコーリーも、次のように記している。

彼ら〔幕府側委員たち〕は、皆、しばらくの間は威厳を保っていた。ただ一人の例外は普段から酒呑みとの噂のある老人で、彼は、引っぱり込まれて、上甲板で海軍兵学校生徒からポルカを教わっていた。

スポルディングの日記に出てくる人物とマコーリーの日記に出てくる人物が同一人物であったかどうかは分からない。また、それが日本側の記録にいう浦賀奉行所与力の一人であったのか、それとも別人であったのかも分からない。マコーリーの日記の記述は、どうも幕府側応接委員の一人、松崎満太郎を指しているように思われる。

ともあれ、林大学頭のような責任ある立場にいた人物はいざ知らず、饗宴中、職務から解放された日本人の中には、こうした形で日米交歓に寄与する者もいたであろう。

ペリー来航中、日米双方の間には緊迫した空気が再三流れたが、こうした交歓の機会もしばしばあった。

それにしても、幕末にポルカに興じる幕府用人がすでにいたとは、数年後に吹き荒れる攘夷《じょうい》の嵐を考えると、感慨深いものがある。

滞在中のショー公演

ともあれ、このミンストレル・ショーは大好評であった。この種のショーは、この後、五月二十九日（旧暦五月三日）に箱館で松前藩の役人たちを迎えて、次いで六月十六日（五月二十一日）に下田で林大学頭以下の幕府役人を再び観客に迎えて、さらに七月十四日（六月二十日）には那覇で宜《ぎ》野座按司尚宏勲《のざのあんじしょうこうくん》以下の琉球政府要人を招待して、開催された。

林大学頭は、幕府に宛てた報告書「亜墨利加《アメリカ》応接掛林大学頭等墨夷《ぼくい》応接録」（『古文書』付録二）の中で六月十六日の下田での饗宴に関して「夕刻、音楽舞踊など見物致し、夜に入り旅館へ帰り候」と報告している。文章は素気《そっけ》ないが、このことをわざわざ記したことだけでも、彼の満悦ぶりが伝わってくる。

プログラム構成

横浜公演プログラム　このとき、いったいどのようなショーが繰り広げられたのであろうか。幸いなことに、横浜でのミンストレル・ショーのプログラムが残されている（ロヴェットの論文に図版掲載）。これは、マセドニアン号乗り組みの士官ジョージ・ヘンリー・プレブルが、遠征中、妻のために書き綴った日記に差し挟んでおいたものである（図14）。縦八・五《インチ》（二一・六《センチ》）、横五・五《インチ》（一四・〇《センチ》）という大きさであるから、宣伝用のビラといってよかろう。

最初の行には、「エチオピアン・コンサート」と大文字で書かれ、次に「合衆国蒸気フリゲート艦／ポウハタン号」と二行にわたって書かれている（以下、斜線は改行を表す）。

ETHIOPIAN CONCERT.

UNITED STATES STEAM FRIGATE

"POWHATAN."

An Ethiopian entertainment will be given by the
Japanese Olio Minstrels,
on board this ship, on Tuesday evening, the 26 inst.
weather favorable, to which the OFFICERS invite your attendance.

PROGRAMME.

PART FIRST.

"As Colored 'Gemmen' of the North."

GRAND OVERTURE.

1. PICAYUNE BUTLER, ... *Mr. Dabney.*
2. LADIES WON'T YOU MARRY? . " *Tripp.*
3. SALLY WEAVER, ... " *Dabney.*
4. UNCLE NED, ... " *Reeves.*
5. SALLY IS DE GAL FOR ME, . . " *De Costa.*
6. OH! MR. COON, ... " *Dabney.*

PART SECOND.

"As Niggas of the South."

GRAND OVERTURE.

1. OLD TAR RIVER, ... *Mr. Dabney.*
2. MASSA'S IN DE COLD! COLD GROUND, " *Pablo.*
3. OLD GREY GOOSE, ... " *Tripp.*
4. OLD AUNT SALLY, ... " *Dabney.*
5. CANAL BOYS, ... " *De Costa.*
6. VIRGINIA ROSE BUD . . . . " *Dabney.*

SOLO ON VIOLIN, by C. McLewee.

The whole to conclude with a *burlesque* on Bulwer's
celebrated play of
THE LADY OF LYONS,
introducing a new and much admired *pas de deux,* with
the following cast of characters:—

CLAUDE MELNOTTE, *alias* SAM JOHNSING,	*Mr. Dabney.*
PAULINE *alias* POLLY ANN,	*Miss Tripp.*
GINGER,	*Mr. McLewee.*
MINSTRELS, &c.,	*By the whole Band.*

Manager, MR. W. J. DABNEY.
Musical Director, MR. C. McLEWEE.

Performance to commence at o'clock, precisely.

JAPAN EXPEDITION PRESS.

図14　横浜公演プログラム（マサチューセッツ歴史協会蔵）

その下に、四行にわたって「エチオピアン・エンターテインメントが／ジャパニーズ・オリオ・ミンストレルズにより／当艦艦上で、来る　日、　曜日の夕刻に行われます／（天候が許す限り）。士官一同、ご来場をお待ちしております」と書かれている。

「エチオピアン」という言葉は、この頃のミンストレル・ショー関係の文によく出てくる形容詞であるが、要するに「黒人の」といったほどの意味である。

〈ジャパニーズ・オリオ・ミンストレルズ〉というのが、ペリー艦隊の乗組員たちが名乗った座名であった。彼らが名乗った座名はアメリカ側史料でもさまざまに記録されているが、正しくは〈ジャパニーズ・オリオ・ミンストレルズ〉というものであったことがこのビラから分かる。

「オリオ」とは「ごった煮」「ごった混ぜ」の意味であるが、同じく「ごった煮」を意味するフランス語の「ポプリ pot-pourri」という単語には「たくさんの旋律を立て続けに演奏する、接続音楽」という意味がある。ここでの「オリオ」という言葉も、その意味で使われているのであろう。一八四三年四月三日から五日までボストンのトレモント劇場で開催された〈ヴァージニア・ミンストレルズ〉の公演も「グランド・エチオピアン・オリオ」と銘打たれていたことが、残された演奏会ポスターから分かる。

その次の日付と曜日の欄は印刷では空白になっており、手書きで「二十六日」「日曜日」と書き込まれている。筆跡から、プレブルが書き込んだものと推定される。

プレブルの乗艦したマセドニアン号がペリーの日本遠征隊に合流してから後、二十六日が日曜日にあたったのは一八五四年の二月と三月しかない。このうち、一八五四年二月にミンストレル・ショーが開催された形跡はないから、このビラが三月に行われた横浜でのミンストレル・ショーのビラであることは確実である。

日付欄が空欄になっていることから、このビラが印刷された時点では饗宴実施日がまだ決まっていなかったことが分かる。また、饗宴が実際に行われたのは三月二十七日の月曜日であるので、いったんは三月二十六日に予定された饗宴が、何らかの理由で一日延期されたことも分かる。

その下に「曲目」とあって、「第一部／北部の黒人紳士風にPART FIRST,/“As Colored ‘Gemmen’ of the North.”」（‘Gemmen’は‘Gentlemen’を黒人訛《なま》り風に綴ったもの）の部で「大序曲」に続いて六曲の歌曲が、次いで「第二部／南部の黒人風にPART SECOND /“As Niggas of the South.”」の部でも同じく「大序曲」の後に六曲の歌曲が歌われることが予告されている。

その後に「C・マックリーウィー氏によるヴァイオリン独奏」があり、最後は「バルワーの有名な戯曲『リヨンの娘』に基づくブルレスク」で幕を閉じることが予告されている。第三部でヴァイオリン独奏を担当しているマックリーウィーは、高川文筌《ぶんせん》らによる合奏図に描かれている二人のヴァイオリン奏者のうちのどちらかであろう。

その下に、「『リヨンの娘』に基づくブルレスク」の配役として、

クロード・メルノット、またの名はサム・ジョンシング　ダブネイ氏

ポーリーヌ、またの名はポーリー・アン　トリップ嬢

ジンジャー　マックリーウィー氏

ミンストレルズ、その他　全楽団員

と書かれている。

ここに名前の挙がっている人物のうち、ダブネイはこの一座の中心人物で、このビラの下の方に書かれているように一座のマネージャーを務め、また、当日のプログラムによれば、第一部・第二部を通じて合わせて六曲を歌っている。

マックリーウィーは、プログラム第三部でヴァイオリンの独奏を披露した人物である。

トリップ嬢は、トリップ氏が女装したものにほかならない。彼は、第一部と第二部でそ

れぞれ一曲ずつ独唱している。『遠征記』には、艦隊内で行われたこうした催し物では女性役は少年たちに割り振られたと書かれているので、このトリップ氏もじつは少年であったかもしれない。そうであったとすれば、彼は、鼓笛隊員か、給仕か、あるいは「パウダー・モンキー」と呼ばれる、戦闘の際に弾薬庫から火薬を運搬する役割を務める少年兵であったかも知れない。

その下の行に、マネージャーとしてW・J・ダブネイ氏、音楽監督としてC・マックリーウィー氏の名前が書かれている。

最後から二行目には「公演は　時ちょうどに開始」と記されているが、時刻欄は空白のまま残されている。

一番下の行にJapan Expedition Pressの文字があるのは、このビラが艦隊遠征中に発行された艦隊新聞『日本遠征新聞』の号外として印刷されたものであることを示している。

ショーの定型

当日のプログラムの第一部・第二部で歌われた曲目の紹介は後回しにして、ここで、これまで紹介してきた事項を検討してみたい。それを通じて、横浜で上演されたミンストレル・ショーが本場アメリカでのミンストレル・ショーの定型をいかに忠実に再現したものであったかが、御理解いただけるものと思う。

図15　〈ヴァージニア・ミンストレルズ〉の舞台風景

最初は、演奏者の座席配置の問題である。

当時のミンストレル・ショーでは、椅子に座った演奏者たちの一方の端にタンバリン奏者が、もう一方の端にはボーン・カスタネット奏者が座を占めるのが定型的な座席配置となっていた。その他の楽器奏者は両者の中間に陣取るのである。ミンストレル・ショー・グループのヒット・ナンバーを収めた楽譜の表紙にはしばしば彼らの舞台風景を描いた絵が載せられているが、〈ヴァージニア・ミンストレルズ〉のヒット曲を収めた楽譜（一八四三年）には、舞台下手《しもて》から順にディック・ペラム（タンバリン）、ダン・エメット（ヴァイオリン）、ビル・ホイットロック（バンジョー）、フランク・ブラウワー（ボーン・カスタネット）が椅子に座っている様子が描かれている（図15）。〈ヴァージニア・ミンストレルズ〉の公演以来、こうした座り方がミンストレル・ショーの標準的な座席配置となったのである。そのことは、他のグループのヒット曲を収めた楽譜に掲載された絵からも確認される。

高川文筌が描いた〈ジャパニーズ・オリオ・ミンストレルズ〉の合奏図を見ると、舞台上手《かみて》（右端）にはタンバリン奏者が、下手《しもて》（左端）にはボーン・カスタネット奏者が位置し、その他の楽器奏者は両者の中間に座っている。彼らは、当時のミンストレル・ショーの定型どおりに座席を占めたのである。

第二は、使用楽器の問題である。

ミンストレル・ショーで使われた楽器に関しては、一八四三年から一八四七年にかけて活躍した二十九グループを対象とした統計がウィナンズの論文に示されている。それによると、バンジョーとタンバリンは二十九団体のすべてで使用され、次いでボーン・カスタネットが二十五団体、ヴァイオリンが二十団体で使用されている。ここまでが、この時期のミンストレル・ショーの定番楽器といえる。ダン・エメットの〈ヴァージニア・ミンストレルズ〉は、タンバリン、ボーン・カスタネット、バンジョー、ヴァイオリンの四楽器で構成されていた。そうしたところから、この四楽器がミンストレル・ショーの定番楽器となったのであろう。

次いで、数がだいぶ減って、トライアングルが十一団体、第二バンジョーが八団体（つまり、これらのバンドではバンジョー奏者が二人いた）、アコーディオンが七団体で使われている。

その他の楽器（動物の顎《あご》の骨のギロー、第二ヴァイオリン、ドラム、フルート、その他）となると、使用団体はずっと減って三団体以下となる。

この統計と比べると、〈ジャパニーズ・オリオ・ミンストレルズ〉に二挺のギターが加わっていた点が目を引く。しかし、クリスティー一座の対抗馬の一つであった〈セーブル・ハーモニスツ〉の一八四九年頃の舞台姿を描いた絵には、二人のギター奏者が一座に加わっていた様子が描かれており、ペリー来航時にはミンストレル・ショーでのギターの使用も珍しくはなくなっていたことが分かる。

こうしたアメリカ側の史料と比較してみると、高川文筌の絵に描かれた楽器群は、当時のミンストレル・ショーの定番楽器といえるものばかりである。楽器編成の点でも〈ジャパニーズ・オリオ・ミンストレルズ〉は、当時のミンストレル・ショーの定型を踏襲していたのであった。

第三は、プログラム構成の問題である。

ミンストレル・ショーのプログラムは、メンバー全員による歌と踊り（その合間に司会進行役のおしゃべりを中心とした軽妙なやり取りが挟まる）を中心に、楽器の独奏や、黒人訛《なま》りによる珍妙なスピーチなどで構成されていた。その場合、ショーの前半の歌と踊りの部分は二部に分けられ、第一部では、ニューヨークのブロードウェイに代表されるアメリカ東部の都会を闊歩《かっぽ》するおしゃれな黒人（「ダンディー・ジム」あるいは「ジップ・クーン」と呼ばれるキャラクター）の真似、第二部では南部のプランテーションで働く田舎者の黒人（「ジム・クロウ」と呼ばれるキャラクター）の真似を演じるのが定型となっていた。〈ジャパニーズ・オリオ・ミンストレルズ〉の横浜公演のプログラムを見ると、第一部は「北部の黒人紳士風に」と題され、第二部は「南部の黒人風に」と題されている。ここでも、一座はミンストレル・ショーの定型を忠実に踏襲したのであった。

なお、ここまで紹介してくれば、高川文筌が描いたメンバーの衣裳が、プログラム第一部での衣裳であることがお分かりいただけるものと思う。花柄の黄色い上着に縞ズボンという衣裳は、典型的な「ダンディー・ジム」の服装である。

ただし、〈ジャパニーズ・オリオ・ミンストレルズ〉が、ショーの第二部で貧しい黒人奴隷風の衣裳に着替えたかどうかは明らかでない。少なくとも、彼らがショーの第二部で衣裳を着替えたことを示す史料は、日米双方ともに無い。当日、彼らは衣裳を替えずに第一部と第二部を続けて演じたのではないかと思われる。

こうした歌と踊りの部分に続いて、黒人訛りによる珍妙なスピーチや、カントリー・ヴァイオリンやバンジョーの独奏を挟んで、最後は派手なブルレスク（ドタバタ劇）で幕を閉じるというのが、当時のミンストレル・ショーの定型的なプログラム構成であった。ウィナンズの論文に掲載された一八四七年四月二十日と二十一日のクリスティー一座の公演ビラを見ると、プログラムの第一部「奴隷から解放された北部の黒人たちのダンディイズムばりの衣裳とキャラクターで」、第二部「南部のプランテーションの黒人たちの奇行」に続いて、ヴァイオリンの独奏があり、最後は「有名な流行ポルカに基づくブルレスク」で幕を閉じることが予告されている。これを見れば、〈ジャパニーズ・オリオ・ミンストレルズ〉の横浜公演のプログラム構成が、いかに当時のミンストレル・ショーの構成を忠実に踏襲したものであったかがお分かりいただけたものと思う。

横浜での演目

ここで、〈ジャパニーズ・オリオ・ミンストレルズ〉の横浜公演で歌われた曲目を見てみよう。

曲目

当日のプログラムによれば、第一部・第二部ともに「大序曲」に引き続いてそれぞれ六曲の歌が歌われることになっている。「大序曲」の後に歌を並べるという点も、ミンストレル・ショーの定型を踏襲したものである。先に紹介した〈クリスティー一座〉の一八四七年四月二十日・二十一日のショーのビラでも、そのようなプログラム構成が謳《うた》われている。

ここで、横浜公演で歌われた曲目を、歌手名とともに示すことにする。

第　一　部　北部の黒人紳士風に

第一曲『ピカユーン・バトラー Picayune Butler』歌手：ダブネイ
第二曲『お嬢さん方、結婚しませんか？ Ladies Won't You Marry?』歌手：トリップ
第三曲『サリー・ウィーヴァー Sally Weaver』歌手：ダブネイ
第四曲『アンクル・ネッド Uncle Ned』歌手：リーヴス
第五曲『サリーは俺の女だ Sally is de Gal for me』歌手：デ・コスタ
第六曲『おお、ミスター・クーン Oh! Mr. Coon』歌手：ダブネイ

第　二　部　南部の黒人風に

第一曲『オールド・タール・リヴァー Old Tar River』歌手：ダブネイ
第二曲『主人は冷たい土の中 Massa's in de Cold! Cold Ground』歌手：パブロ
第三曲『オールド・グレイ・グース Old Grey Goose』歌手：トリップ
第四曲『オールド・アウント・サリー Old Aunt Sally』歌手：ダブネイ
第五曲『キャナル・ボーイ Canal Boy』歌手：デ・コスタ

第六曲　『ヴァージニアの薔薇のつぼみ Virginia Rose Bud』　歌手：ダブネイ

歌手としては、すでに名前を挙げたダブネイ、トリップ両氏のほかに、リーヴス、デ・コスタ、パブロの三名が名を連ねている。ミンストレル・ショーでは、楽器奏者が歌手も兼ねたから、これで、高川文筌の「合奏図」に描かれた九人のうち、六人（上記の五人の歌手に加えてヴァイオリン奏者のマックリーウィー）の名前が判明したことになる。

ミンストレル・ショーの舞台で歌われた曲の中には、民謡や流行歌、あるいは既存の旋律にミンストレル芸人が新たな歌詞を付けた曲が多いために、作詞者や作曲者が不明なものが少なくない。以下、現在までに判明している限りのデータを記しておこう。

第一部第一曲の『ピカユーン・バトラー』は、クリスティー一座の持ち歌の一つであった。一八四八年に一座のヒット・ナンバーが出版されたときに、フォスターの『おお、スザンナ』などとともに出版されている。作詞者・作曲者などは未詳。「ピカユーン」とは、植民地時代のフロリダ、ルイジアナあたりで流通していた小銭の意味で、転じて「つまらない人物」の意味。したがって『小者のバトラー』『ちんぴらバトラー』といったほどの意味であろうか。

第二曲の『お嬢さん方、結婚しませんか?』は、〈セーブル・ハーモニスツ〉のヒット・ナンバーを集めた楽譜集の一曲として一八四九年に出版されている。

第三曲の『サリー・ウィーヴァー』に関しては、未詳。

第四曲『アンクル・ネッド』は、フォスターの作品である。「ネッド爺さんが死んだ時、髪の毛は一本も残っていなかった。ネッド爺さんが死んだ時、御主人様たちはみんな涙を流した」と歌う。作曲者自身が関与した原譜は一八四八年にルイヴィルのピータース社から出版されたが、これに先だってニューヨークのミレッツ・ミュージック・サルーン社から『オールド・アンクル・ネッド』と題して海賊版が出版されている。ピータース社から出版された原譜と比較してみると、ミレッツ社の海賊版は歌詞・旋律とも細部に食い違いがある。横浜での〈ジャパニーズ・オリオ・ミンストレルズ〉の公演ビラでは、曲名が『アンクル・ネッド』となっており、フォスターの原譜が歌われたことが分かる。

第五曲の『サリーは俺の女だ』は未詳。

第六曲の『おお、ミスター・クーン』も、クリスティー一座の持ち歌の一つ。作詞者・作曲者などは不明なものの、『おお、スザンナ』、『ピカユーン・バトラー』などとともに一八四八年に出版されている。歌詞が六番まであり、かなり長い曲である。

第二部第一曲の『オールド・タール・リヴァー』は、イギリス民謡『バラの木』（十八世紀）の旋律に合わせてミンストレル芸人のジョエル・スウィニー（一八一三―一八六〇）が作詞したもの。スウィニーは、四弦であったバンジョーの弦を増加して今日の五弦バンジョーを生み出した人物として知られている。この曲は、〈ヴァージニア・ミンストレルズ〉が、結成当時、舞台で歌って人気を博した。

第二曲の『主人は冷たい土の中』は、いうまでもなく、フォスターの作品。この曲が、なんと幕末の横浜で歌われていた。アメリカ南部のプランテーションで働く黒人奴隷と主人の魂の交流を描いた、いわゆる「プランテーション・ソング」の一つである。

第三曲『オールド・グレイ・グース』もミンストレル・ソングの一つで、一八四四年にフィラデルフィアで出版された。「月曜日に結婚して、火曜日は女房持ちだったが、水曜日に女房が病気になって、土曜日には葬式だ……」と歌う。似たような歌詞のロシア民謡があるが、内容はこちらの方がブラック・ユーモアにあふれている。

第四曲『オールド・アウント・サリー』は、チャールズ・ディブディンが作曲したミンストレル歌曲『ペギー・パーキンズ』（一七九〇年）の旋律にダン・エメットが新たな歌詞を付けたもの。一八四三年に出版されている。いうまでもなく、〈ヴァージニア・ミンストレルズ〉の持ち歌の一つ。

第五曲『キャナル・ボーイ』は未詳。

第六曲『ヴァージニアの薔薇のつぼみ』の作曲者はカヴァノー。作詞者は不明である。一八四九年に出版されている。この曲は、これまで紹介してきたミンストレル歌曲と少し異なり、リフレインの合唱部が重厚な四声体で書かれている。当時アメリカに移入され始めたイタリア・オペラの影響が指摘されている。横浜公演で第二部の締《し》め括《くく》りに置かれた理由は、多分そのあたりにあったのであろう。第二部を締め括るにふさわしい、充実した声部書法の作品である。

『主人は冷たい土の中』

以上が、横浜で歌われた曲目であるが、注目されるのは、フォスターの『主人は冷たい土の中』の出版時期である。ワシントンのアメリカ議会図書館《ライブラリー・オブ・コングレス》に残る楽譜には、一八五二年七月七日に版権登録のために供託《きょうたく》され、八月四日に版権が認証された旨《むね》が記されている。ペリー座乗のミシシッピー号が日本に向けてノーフォークを出港したのは一八五二年十一月であったから、その直前の出来事であった。その曲が、早くも横浜公演の中で歌われた。

先に、ペリーの第二回来航時には最新鋭の金管楽器群が日本に持ち込まれたこと、そこには最新のアメリカ文化を日本に紹介して日本を開国させようとのペリーの意気込みが見て取れることを述べた。それと同じことがこの曲に関しても言える。〈ジャパニーズ・オリオ・ミンストレルズ〉のメンバーは、当時最新のアメリカのヒット曲を幕末の日本に紹介したのである。それを聞いた幕府要人たちがどこまでそれを理解したかは不明であるが、この点にも、アメリカの最新の音楽を紹介しようという遠征隊メンバーの意気込みが感じられる。

『リヨンの娘』

〈ジャパニーズ・オリオ・ミンストレルズ〉の横浜公演では、第一部・第二部に続いて、マックリーウィー氏のヴァイオリン独奏（ミンストレル・ショーでの独奏であるから、カントリー・ヴァイオリンの演奏であろう）を挟《はさ》んで、最後に「バルワーの有名な戯曲『リヨンの娘』に基づくブルレスク」が演じられた。

バルワーというのは、文学史の上で一般にバルワー＝リトン（一八〇三―一八七三）の名前で知られているイギリスの作家・劇作家である。今日では、リヒャルト・ヴァーグナーのオペラ『リエンツィ』（一八四〇年）の原作者として記憶されている。

彼の作品は歌舞伎にもなっている。河竹黙阿弥《かわたけもくあみ》の『人間万事金世中《にんげんばんじかねのよのなか》』がそれで、明治十二年二月に東京の新富座《しんとみざ》で上演された。この作品は、福地桜痴《おうち》が訳したバルワーの小説『金《マネー》』の梗概《こうがい》に基づいて、黙阿弥が歌舞伎に仕立てたものである。このことだけでも、彼の作品が当時よく知られていたことが分かるであろう。

『リヨンの娘』は、五幕からなる喜劇で、一八三八年に初演された。

舞台はフランス革命後のリヨンの街。元侯爵のボーサンは、富裕な商人の娘ポーリーヌとの結婚を望んでいるが、ポーリーヌの母親は、革命で爵位を失った元貴族など何の価値もない、と、にべもなく断ってしまう。

一方、貧しい庭師の息子ながら才気あふれる若者のクロード・メルノットも、また、ポーリーヌに密《ひそ》かに恋をしている。しかし、彼が書き送ったラヴレターは、知らない人物からの手紙は受け取るわけにはいかない、として執事に突き返されてしまう。

遺恨にかられたボーサンは、同じくポーリーヌに振られたクロードを仲間に引き入れて、一家への復讐を企てる。ボーサンは、クロードを「イタリアの公爵」とのふれ込みでポーリーヌの両親に紹介し、ポーリーヌと結婚させることにまんまと成功する。

式の翌朝、良心に目覚めたクロードは、自分の素性をポーリーヌに打ち明ける。ポーリーヌは、クロードのそうした誠実な態度に心を打たれる。そこにボーサンがポーリーヌの両親や、叔父であるナポレオン軍の大佐を引き連れて登場し、一切の企《たくら》みを暴露して両親を嘲罵《ちょうば》する。しかし、クロードの誠実さに目覚めたポーリーヌは、氏素性《うじすじょう》はどうであれ、今やクロードは私の夫である、と宣言する。クロードは自責の念にかられるが、それを見かねたポーリーヌの叔父は、軍隊では氏素性は関係ない、功績次第ではコルシカ生まれの小息子《こむすこ》でも将軍になれる時代なのだ、と説得して、彼を連れて退場する。

ここまでが、第一幕から第四幕までの粗筋《あらすじ》である。

第五幕の舞台は、それから二年半後のリヨン。街はイタリア戦線で大功を挙げた若き英雄の凱旋のニュースに沸き立っている。しかし、クロードが戦線から戻ってくる気配はない。この二年半の間にポーリーヌの実家の家産は大きく傾いてしまった。破産の危機に瀕した父は、ポーリーヌに「戦死したクロードをいつまで待っていてもしようがない。ボーサンは、お前との結婚を条件に、融資を約束してくれている」と述べて、ボーサンとの再婚を懇願する。ポーリーヌも、父の窮状を救うため、いやいやながらも再婚に同意する。結婚の調印が行われようとしたまさにその時、イタリア戦線から帰還したばかりの叔父が、若き英雄を連れて調印の場に乗り込んでくる。若き英雄とは、クロードにほかならなかった。彼は戦場での活躍に対して与えられた報賞金をポーリーヌの父に渡し、式の中止を宣言して、ポーリーヌと抱擁する。

この戯曲は、ウィリアム・ヘンリー・フライ（一八一三―一八六四）によって『レオノーラ』の題名の下にオペラ化された（一八四五年にフィラデルフィアで初演）。このオペラは、アメリカ生まれの作曲家が作曲した最初のオペラとして知られている。横浜でのショーの最後にこの戯曲に基づくブルレスクが置かれた背景には、このフライのオペラの評判があったのかもしれない。

船中狂言図　横浜で〈ジャパニーズ・オリオ・ミンストレルズ〉が演じた「『リヨンの娘』に基づくブルレスク」の情景を描いた二枚の絵が、横浜市中央図書館に所蔵されている。絵師は「豊国《とよくに》」というから、三代目歌川豊国こと五渡亭国貞《ごとていくにさだ》（一七八六―一八六四）であろう（口絵4）。

一枚は、左側に女装した人物、右側にヴァイオリンを弾く男性が立っている情景を描いている。左側の女性は、赤いブラウスに白いスカート、赤い靴を履いており、豊かな髪飾りを付けている。顔や手は黒塗りである。この女性は、トリップ嬢ならぬトリップ氏が演ずるところの「ポーリーヌことポーリー・アン」であろう。ヴァイオリンを演奏している右側の人物は、ショーの第三部でヴァイオリン独奏を披露したマックリーウィー氏が演ずる「ジンジャー」であろう。「ジンジャー」は、バルワー＝リトンの原作のボーサンにあたる。彼は黄色地に花柄を散らした上着に青い縞ズボンをはいている。この衣裳は、ショーの第一部でメンバーが着ていた衣裳である。

もう一枚の絵では、舞台上手《かみて》にポーリーヌがいて、両手を握りしめており、舞台中央奥にはジンジャーが倒れている。彼が弾いていたヴァイオリンは、台の上に置かれている。舞台下手《しもて》には、黒い上着に黒帽子、白ズボンを着用した人物がいて、ポーリーヌを指さしている。この人物こそが、ダブネイ氏演ずるところの主人公「クロード・メルノットことサム・ジョンシング」であろう。

クロード役のダブネイが着用しているのは、軍服である。バルワー＝リトンの原作でクロードが軍服姿で登場するのは第五幕だけであるから、当夜のブルレスクは、原作の第五幕を中心に制作されたものであったことがこの絵から分かる。

ダブネイ、トリップ、マックリーウィーという、当夜のミンストレル・ショーの三人の中心人物の姿に接することができるのは、豊国のお陰である。ただし、三人とも黒塗りしていて、容貌までは分からない。

『床屋騒動』　モリソンによれば、バルワー＝リトンの『リヨンの娘』に基づくブルレスクは、横浜公演に先だって、一八五三年末に香港停泊中のポウハタン号艦上で行われたミンストレル・ショーで演じられた。また、一八五四年五月二十九日（嘉永七年五月三日）に箱館で松前藩役人を招待して行われたミンストレル・ショーの中でも再演されている。〈ジャパニーズ・オリオ・ミンストレルズ〉のお得意のレパートリーだったに違いない。

それに対して、日本遠征終了後の一八五四年七月十四日（嘉永七年六月二十日）に那覇で琉球政府要人たちを招待して離別の宴を開いたときには、『床屋騒動』なる茶番劇が上演されたことをウィリアムズは記している。彼は「黒ん坊たちがたがいにころげ回ってメリケン粉を撒《ま》き散らすと、普段はクェーカー教徒並みに沈鬱な琉球政府役人も笑いを抑《おさ》えられなかった」と記している。

この『床屋騒動』なるドタバタ劇がどのような出し物であったのかは分からないが、気になるのは、ダン・エメットの作品の中に『ドイツ人農場主、もしくは床屋騒動』という一幕物のブルレスクがあることである。那覇で上演されたのは、ひょっとしたらこの作品であったかもしれない。ダン・エメットの『床屋騒動』は初演年代が一八五〇年代としか分かっていないために、確言できないが、もしそうであったとすれば、メンバーは、アメリカ出港の直前に見たブルレスクを那覇で再現してみせたのかもしれない。

箱館でのミンストレル・ショー

箱館公演プログラム　ペリー艦隊の乗組員たちが一八五四年五月二十九日（嘉永七年五月三日）に箱館で行ったミンストレル・ショーの公演ビラも残っている（モリソンのペリーの伝記に図版掲載）。松前侯の代理としてペリーとの交渉にあたった家老の松前勘解由《かげゆ》はあいにく風邪のため欠席したが、多数の松前藩士がショーを楽しんだ。

ビラには、まず、「エチオピアン・コンサート」と大字で書かれ、次に「合衆国蒸気フリゲート艦ポウハタン」と書かれている。このあたりは、横浜公演のビラと同じである。ビラには、ショーはポウハタン号艦上で行われることが予告されているが、実際には、松前藩士らはポウハタン号艦上で饗応された後、マセドニアン号に座を移してショーを観覧した。何かの都合で、会場が変更になったのである。

その次の行には、「箱館、蝦夷《えぞ》島、日本帝国、五月二十九日」と上演地と上演日が印刷されている。箱館は「ハコダディ Hakodadi」と表記されている。地元藩士たちの発音を反映したのかも知れない。

その下に四行にわたって「エチオピアン・エンターテインメントが／ジャパニーズ・オリオ・ミンストレルズにより／当夜、当艦艦上で、天候が許す限り、行われます。／士官一同、ご来場をお待ちしております」と書かれている。この部分は横浜公演のビラとほぼ同文である。

その下に「曲目」とあって、「第一部　北部の黒人紳士風に」(誤植のため、「PART FIRST As "Colored 'Gemmen' of the North"」と「"」が、As の前ではなく、Colored の前に付いている)、「第二部　南部の黒人風に」に続いて「C・マックリーウィー氏によるヴァイオリン独奏」が演奏され、最後に「バルワーの有名な戯曲『リヨンの娘』に基づくブルレスク」で幕を閉じることが予告されている。このあたりも、横浜公演のビラと同じである。その下の配役表や、一座のマネージャー、音楽監督の名前の部分も横浜公演のビラと変わりない。

下から二行目には「公演は七時ちょうどに開始」と印刷されており、開演時間が分かる。一番下の行にJapan Expedition Pressの文字があるのも、横浜公演のビラと同じである。

箱館での曲目

箱館公演で歌われた曲目と横浜公演の曲目との間には、多少の変動があった。以下、箱館で歌われた曲名を、歌手名とともに記しておく。横浜でも歌われた曲には、横浜公演での曲番を括弧内に示しておいた。

第一部

第一曲『ヴァージニアの薔薇のつぼみ』　(横浜：第二部第六曲)
歌手：ダブネイ

第二曲『ダーキーズ・セレナーデDarkies Serenade』
歌手：デ・コスタ

第三曲『お嬢さん方、結婚しませんか?』　(横浜：第一部第二曲)
歌手：トリップ

第四曲『サリー・ウィーヴァー』　(横浜：第一部第三曲)
歌手：ダブネイ

第五曲　『おお、ミスター・クーン』　（横浜：第一部第六曲）
歌手：ダブネイとリーヴス
の二重唱
第六曲　『オールド・グレイ・グース』　（横浜：第二部第三曲）
歌手：トリップ

第　二　部

第一曲　『厨房生活 Life by de Galley Fire』　歌手：デ・コスタ
第二曲　『朝起きると Get up in de Morning』　歌手：リーヴス
第三曲　『主人は冷たい土の中』　（横浜：第二部第二曲）
歌手：パブロ
第四曲　『オールド・アウント・サリー』　（横浜：第二部第四曲）
歌手：ダブネイ
第五曲　『スージー・ブラウン Susey Brown』　歌手：全員

横浜でのプログラムと比較すると、歌手ならびに各自の持ち歌は変わっていないが、五曲が削られ、新たに四曲がプログラムに加えられている。また、横浜ではダブネイが独唱した『おお、ミスター・クーン』が箱館ではダブネイとリーヴスによってデュエットされている。

横浜ではすべての歌が独唱されたが（といっても、ミンストレル・ソングでは、サビにあたるリフレイン部分は合唱される）、箱館では、上記の二重唱のほかに、第二部の最後に置かれた『スージー・ブラウン』が全員で歌われている。

横浜では第二部の最後に置かれた『ヴァージニアの薔薇のつぼみ』が、箱館では第一部の冒頭に移されている。この曲は、先に述べたように、リフレイン部が重厚な声部書法で書かれているために、プログラムの最初か最後に置かれるにふさわしい。箱館公演では、第二部の最後に全員合唱による『スージー・ブラウン』が置かれたので、『ヴァージニアの薔薇のつぼみ』の方は第一部の冒頭に移されたのであろう。

箱館で初めて歌われた曲のうち、第二部冒頭の『厨房生活』は、厨房での安逸な生活を歌った歌である。第二部を開始するにふさわしい、緩やかな八分の十二拍子の曲である。第二部第二曲の『朝起きると』については、未詳。ただし、〈クリスティー一座〉が一八四七年四月二十日と二十一日に行ったショーの公演ビラに曲名が載っている。

『ダーキーズ・セレナーデ』（第一部第二曲）と『スージー・ブラウン』（第二部第五曲）

についても未詳である。

箱館で行われたミンストレル・ショーは、松前藩士の間でばかりでなく、風聞に接した町民の間でも評判になったようである。ペリー箱館入港中の動静を記した『亜墨利加《アメリカ》一条写』の黒人兵を描いた絵の脇には、「図の如《ごと》きもの黒ん坊と申せども、真実の黒ん坊にあらざる由《よし》なり。さながらアメリカ州の産にも非《あらざ》る由《よし》。何国なるや」と記されている。白人が黒人に扮《ふん》して行ったミンストレル・ショーに関する情報と、アフリカ系アメリカ人の出自に関する情報とが混線している。

日本側の反応

ハイネは、箱館でのミンストレル・ショーに対して日本側招待客が示した反応について次のように記している。

提督は、松前の使節すなわち幕府委員、二人の奉行、その他高位の役人をポウハタン号上での食事に招き、そのあと音楽会を開いた。これには、わが軍楽隊と、かのミンストレルズとが交互に演奏したが、日本人の客はすっかり気に入ったようだった。彼らはいろいろなしぐさによって満足の意を表そうとし、繰り返し「奇《く》し、奇《く》し」と叫んだ。これは、肉体的であれ精神的であれ、最高の満足を表現する言葉である。

ハイネは、さらに、次のような驚くべき事実を記している。

その数日後、私は山へ狩りに行った。いつものように日本の武士が私について来た。この男は、かの歌の言葉やメロディーをこっそり盗み聞きしており、ずっとこの歌の楽しげな部分を歌ってみせた。私がそれをなおしてさらに歌うのを助けてやると、彼はすっかり喜び、さらに有頂天になって「奇し、奇し」と叫んだのだった。

ハイネは、「数日後」と言っているが、ペリー一行の乗ったポウハタン号とミシシッピー号は六月三日（旧暦五月八日）に箱館を出港しているから、この出来事が起こったのは、ショーの翌日の五月三十日（旧暦五月四日）から六月二日（五月七日）までの間のことと思われる。ハイネが狩りに行った山とは、函館山を指すのかもしれない。

ともかく、幕末の箱館に、ミンストレル・ソングを一度聴いただけで覚えてしまった武士がいたとは驚きである。残念なことに、この武士が誰であるのか、覚えた曲が何であったのか、ハイネは記していない。

西洋音楽に対する日本人の反応

ここで、ペリーの二度にわたる日本滞在中に演奏されたアメリカ音楽に対する日本側の反応について述べておきたい。

幕末の日本には、浦賀で初めて聞いた西洋音楽の前にあっさりとファンになってしまった伊沢美作守や、横浜でポルカに興じた幕府用人、あるいはハイネの記述に登場する松前藩士のような人物がいた一方で、どうしても洋楽を受けつけなかった人物もいた。

その代表が、佐久間象山《しょうざん》である。

佐久間象山　佐久間象山といえば、当時、日本を代表する西洋通の一人であった。黒船来航当時、彼は、そうした知識を買われて、ペリー第一回来航時には松代真田藩主から浦賀偵察を命じられ、第二回来航時には軍議役を命じられて、横浜で警備の指揮をとった。

そうした象山の洋学知識を伝える逸話が残されている。写真術を巡る対話がそれである。嘉永七年二月十七日（一八五四年三月十五日）、象山が警備のために横浜を巡回していたところ、艦隊付きの写真師が彼の乗馬を撮影しようとした。傍《かたわ》らに浦賀奉行所の同心がいたので、感光剤の種類を尋ねたところ、自分で聞いてみろというので、象山が「イオジウムか、ブロミウムか」と質問すると、写真師は驚いた顔で「ブロミウム」と答え、急に親切になって写真機を見せてくれた、と彼は日記に書いている。

この写真師は、艦隊付きの写真家エリファット・ブラウン・ジュニア（一八一六―一八八六）であった。彼が滞日中に撮影した写真は五点が現存するほか、『遠征記』に収録された石版画の中には彼が撮影した写真に基づくものが多数ある。

ペリー来航当時の写真は、フランスのダゲール（一七八七―一八五一）が一八三〇年代後半に発明した、いわゆるダゲレオタイプ（銀板写真）であった。銀の板（もしくは銀メッキした金属板）に沃素《ようそ》（イオジウム）の蒸気をあてて沃化銀の被膜を作り、それを種板《たねいた》として使用するものであった。ところが、その後、沃素の代わりに臭素《しゅうそ》（ブロミウム）の蒸気をあてて臭化銀の被膜を作り出すと、露光時間が極端に短縮されることが分かった。銀板写真のこうした新しい技術は、海外知識の摂取に積極的だった薩摩の島津斉彬《なりあきら》や、彼と仲の良かった水戸の徳川斉昭《なりあき》、あるいは福岡の黒田長溥《ながひろ》ら、西洋の最新技術に関心を持つ藩主たちの率いる藩ではいち早く知られていたが、象山もまたそうした情報に接していた人物の一人であった。それで、彼は、撮影中のブラウンに、感光剤には沃化銀を用いているのか、臭化銀を用いているのか、と尋ねたのである。

こうした質問を発した象山のことは、その特異な風貌もあってか、アメリカ艦隊の中でも評判になったようである。ペリーと象山が道で出会ったとき、ペリーの方から先に敬礼した、という話も残っている（鈴木隣松談。石井光太郎・東海林静男編『横浜どんたく』上巻、有隣堂、一九七三年、所収）。

そうした象山にとって、一つだけ苦手なものがあった。西洋音楽であった。彼は、松代藩士竹村金吾に宛てた嘉永七年二月十日付けの書簡（すなわち、ペリー横浜初上陸の日の書簡）の中で、上陸の模様を報告した後に、次のように書き加えている。

　唯々《ただただ》不可聞《きくべからざる》ものは音楽に御座候《ござそうろう》、是《これ》は如何《いか》にも可嫌候《きらうべくそうら》えども人は面白がり候様子に御座候

アメリカ人を驚かすほどの西洋知識を持ちながら、西洋音楽をまったく受けつけなかった佐久間象山。それとは対照的に即座に西洋音楽に馴染《なじ》んだ伊沢美作守やポルカに興じた幕府用人、ハイネの報告に登場する松前藩士といった人々。ここには、異国の音楽に初めて接した時に人間が引き起こす二通りの反応がよく現れている。

謎の公演ビラ

もう一枚のビラ

横浜公演と箱館公演のビラのほかに、じつは、もう一枚の公演ビラが存在している。横浜公演のビラと同じく、ボストンのマサチューセッツ歴史協会所蔵のプレブルの日記に差し挟まれているビラである（図16）。ロヴェットの論文に簡単な紹介があるが、いろいろと検討すべき問題があるので、少し詳しく紹介したい。

ビラの内容

ビラの文面は、これまで紹介してきた横浜公演や箱館公演のビラとほぼ同じである。ただし、レイアウトは大いに異なる。両公演のビラには使われていない飾り文字を使用したり、ビラの周囲や行間に花飾りを入れたりするなど、凝《こ》った

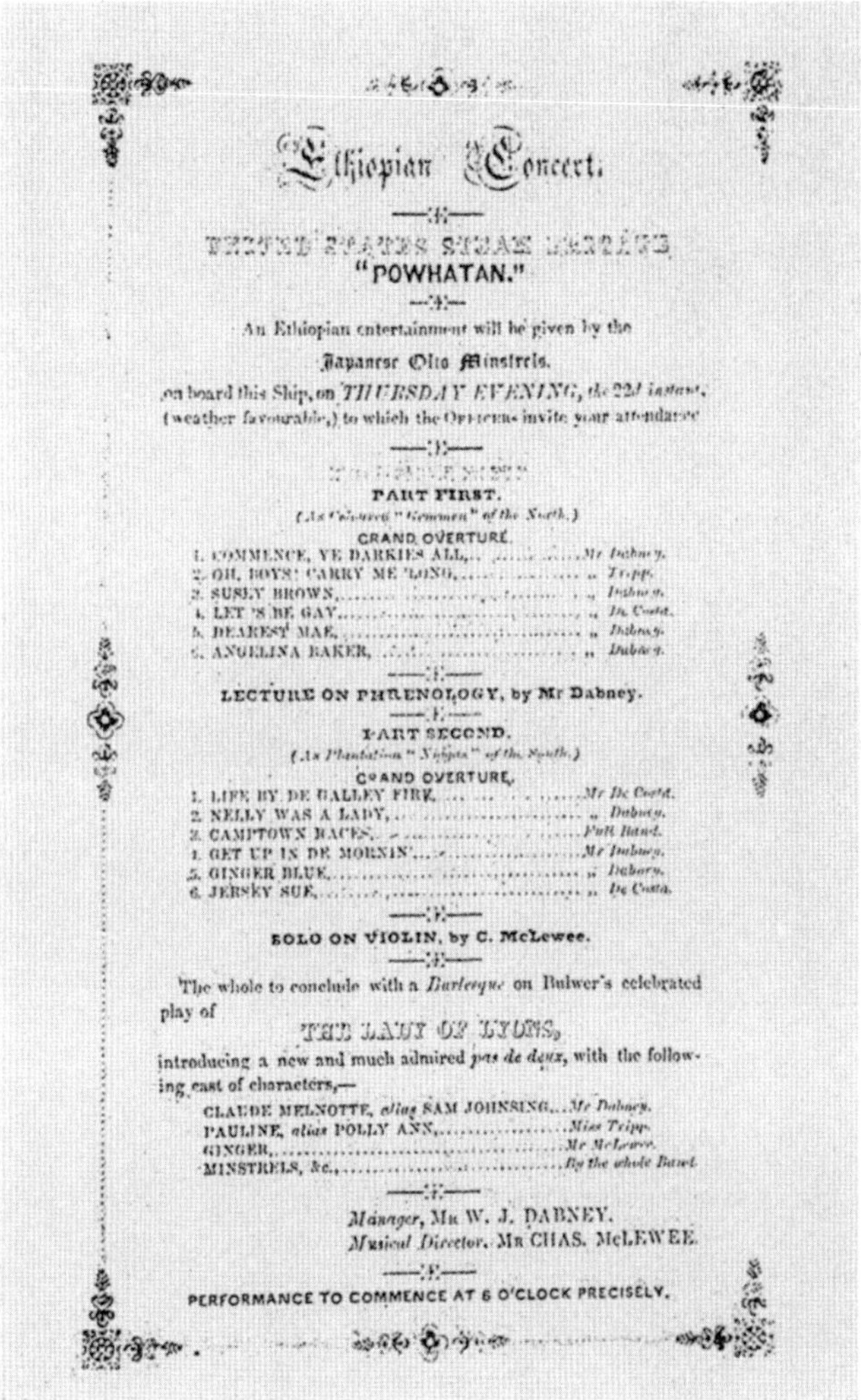

Ethiopian Concert.

UNITED STATES STEAM FRIGATE
"POWHATAN."

An Ethiopian entertainment will be given by the

Japanese Olio Minstrels.

on board this Ship, on *THURSDAY EVENING*, the 22d instant, (weather favourable,) to which the OFFICERS invite your attendance

PART FIRST.

(As Colored "Gemmen" of the North.)

GRAND OVERTURE.

1. COMMENCE, YE DARKIES ALL,................*Mr Dabney.*
2. OH, BOYS! CARRY ME 'LONG,................ „ *Tripp.*
3. SUSEY BROWN,................ „ *Dabney.*
4. LET 'S BE GAY................ „ *De Costa.*
5. DEAREST MAE,................ „ *Dabney.*
6. ANGELINA BAKER,................ „ *Dabney.*

LECTURE ON PHRENOLOGY, by Mr Dabney.

PART SECOND.

(As Plantation "Niggers" of the South.)

GRAND OVERTURE.

1. LIFE BY DE GALLEY FIRE,................*Mr De Costa.*
2. NELLY WAS A LADY,................ „ *Dabney.*
3. CAMPTOWN RACES,................*Full Band.*
4. GET UP IN DE MORNIN',................*Mr Dabney.*
5. GINGER BLUE,................ „ *Dabney.*
6. JERSEY SUE,................ „ *De Costa.*

SOLO ON VIOLIN, by C. McLewee.

The whole to conclude with a *Burlesque* on Bulwer's celebrated play of

THE LADY OF LYONS,

introducing a new and much admired *pas de deux*, with the following cast of characters,—

CLAUDE MELNOTTE, *alias* SAM JOHNSING...*Mr Dabney.*
PAULINE, *alias* POLLY ANN,................*Miss Tripp.*
GINGER,................*Mr McLewee.*
MINSTRELS, &c.,................*By the whole Band.*

Manager, MR W. J. DABNEY.
Musical Director, MR CHAS. McLEWEE.

PERFORMANCE TO COMMENCE AT 6 O'CLOCK PRECISELY.

図16　第三の公演ビラ（マサチューセッツ歴史協会蔵）

レイアウトが施されている。大きさも、縦七・七五インチ（約一九・七センチ）、横四・八七五インチ（約一二・四センチ）と、横浜公演のビラより一回り小さい。緑のインクで印刷されている点も特異である。

ビラには、上から順に「エチオピアン・コンサート／合衆国蒸気フリゲート艦／ポウハタン号／エチオピアン・エンターテインメントが／ジャパニーズ・オリオ・ミンストレルズにより／当艦艦上で、来る二十二日、木曜日の晩に行われます／（天候が許す限り）。士官一同、ご来場をお待ちしております」と書かれている。このあたりの文面は、横浜・箱館公演のビラとほとんど変わらない。

次いで、「第一部／（北部の黒人紳士風に）」として、例によって「大序曲」に続いて六曲が歌われることが予告されている。

このビラで特異なのは、第一部と第二部の間にダブネイ氏による「骨相学《こっそうがく》に関する講演」が予告されている点である。

「骨相学」というのは、十八世紀末から十九世紀前半にかけて流行した大脳機能学の一分野である。頭蓋骨の特徴からその人物の性格などを推断していく研究分野であった。大脳機能局在論の先駆者の一人として知られるフランツ・ヨーゼフ・ガル（一七五八－一八二八）が提唱したのも、じつは、この骨相学であった。ガルが提唱したのは、精神のさまざまな機能は大脳の各部位に局在している。ところが、大脳の各部位の発達の度合いは人によって異なり、その結果は、頭蓋骨の表面に隆起あるいは陥没となって現れる。したがって、頭蓋骨の隆起・陥没の状況を観察すれば、その人物の大脳はどの部位が発達しており、どの部位が未発達であるか、ひいては、その人物はどのような精神機能が発達し、どのような精神機能は未発達であるかが推断できる、というものであった。こうしたガルの主張は、さっそく、人々の間で恰好《かっこう》のジョークの種となった。ミンストレル・ショーでは、当時最新流行の話題を半可通の黒人が解説するという芸（たとえば、蒸気機関車を初めて見た黒人が解説する「蒸気機関」の仕組み、などという出し物）が呼び物の一つとなっていたから、この「骨相学」なども真っ先に槍玉に上がったものと思われる。ダブネイが披露してみせたのも、そうした内容のスピーチであったと思われる。

このスピーチに続いて、「第二部／（南部の黒人風に）」で六曲が歌われ、その後にマックリーウィーのヴァイオリン独奏が、さらには『リヨンの娘』に基づくブルレスクが予告されている点は、横浜・箱館公演と同じである。ただし、「音楽監督」の項には「チャス・マックリーウィー氏」と書かれており、ここから、マックリーウィーの愛称が「チャス」であったことが分かる。

最後に「六時ちょうどに開演」と開演時刻が予告されている。

横浜・箱館公演のビラで最終行に書かれていたJapan Expedition Press（『日本遠征新聞』）の文字はない。

『草競馬』

プログラム第一部・第二部では、それぞれ六曲ずつの曲名が挙げられている。その曲名を、例によって、歌手名と一緒に挙げよう。横浜・箱館公演で歌われた曲には、その旨、注記することにする。

第一部

第一曲『黒人諸君、さあ、始めよう Commence, Ye Darkies All』　歌手：ダブネイ

第二曲『若者たちよ！　私を運んで行っておくれ Oh Boys! Carry me 'long』　歌手：トリップ

第三曲『スージー・ブラウン』（箱館：第二部第五曲）　歌手：ダブネイ

第四曲『楽しくやろうぜ Let's be Gay』　歌手：デ・コスタ

第五曲『私の最愛の人 Dearest Mae』　歌手：ダブネイ
第六曲『アンジェリーナ・ベーカー Angelina Baker』　歌手：ダブネイ

第二部

第一曲『厨房生活』　（箱館：第二部第一曲）
第二曲『ネリーは、良《い》い女だった Nelly was a Lady』　歌手：デ・コスタ
第三曲『草競馬 Camptown Races』　歌手：ダブネイ
第四曲『朝起きると Get up in de Mornin'』　歌手：全員
第五曲『ジンジャー・ブルー Ginger Blue』　（箱館：第二部第二曲）歌手：ダブネイ
第六曲『ジャージー・スー Jersey Sue』　歌手：デ・コスタ

横浜・箱館公演と比べると、歌手からはリーヴスとパブロの名前が消えている。そのため、箱館公演ではリーヴスが歌った『朝起きると』をこちらではダブネイが歌っている。

ちなみに、箱館公演のビラではこの歌の曲名は『Get up in de Morning』となっているが、こちらのビラでは『Get up in de Mornin'』と綴られている。

ほかに、箱館では全員で合唱した『スージー・ブラウン』をこちらの公演ではダブネイが独唱している。

『厨房生活』をデ・コスタが独唱している点は、箱館公演と同じである。

一見して分かるとおり、横浜公演と共通する曲はない。箱館公演と重複しているのも三曲だけである。

プログラムの冒頭に歌われる『黒人諸君、さあ、始めよう』はW・D・コリスターの歌。この時代のミンストレル・ショーでよく歌われた作品である。

第二曲の『若者たちよ！　私を運んで行っておくれ』は、フォスターの曲（一八五一年出版）。死を目前にした黒人の老夫が、若者たちに「私を運んで行っておくれ。死ぬ前に、もう一度なつかしい砂糖キビ畑を見たい」と歌う。八分の六拍子の緩やかな曲である。

第三曲『スージー・ブラウン』は、箱館公演に関して述べたように、未詳。

第四曲の『楽しくやろうぜ』も未詳。ただし、この頃のミンストレル・ショーのプログラムによく顔を出す曲である。

第五曲の『私の最愛の人』も未詳。

第六曲『アンジェリーナ・ベーカー』もフォスターの曲で、一八五〇年に出版された。「俺は、農場で毎日幸せに働いていた、アンジェリーナ・ベーカーがやって来るまでは。あの女は、俺のハートを盗みやがった」と、惚れた女が姿を消した後の主人公の茫然自失ぶりを歌う。

プログラム第二部冒頭の『厨房生活』については、すでにふれた。

第二曲『ネリーは、良《い》い女だった』もフォスターの曲。一八四九年に出版されている。「ネリーは、良《い》い女だった。だが、昨夜、眠っている間に、死が彼女を訪れた。今朝、目を覚ましてみると、ネリーは僕の傍らで冷たくなっていた。生きているかのようなその顔は、笑みさえ浮かべていた」と歌う。ネリーの遺体を傍らに乗せてミシシッピー川をボートで寂しく下っていく主人公の様子を歌った、悲しみと抒情に満ちた美しい曲である。

第三部第三曲の『草競馬』は、いうまでもなく、フォスターの代表作の一つ。クリスティー一座が舞台で歌って、大ヒットした。一八五〇年に『アンジェリーナ・ベーカー』などと一緒に出版されている。

第四曲の『朝起きると』については、すでに述べた。

第五曲『ジンジャー・ブルー』についてもすでに述べた。〈ヴァージニア・ミンストレルズ〉に加わる以前のディック・ペラムが舞台で歌って流行《はや》らせた曲である。

第六曲『ジャージー・スー』は未詳。

以上のように、全十二曲中、三分の一にあたる四曲をフォスターの作品が占めている。なかでも『草競馬』が歌われている点と、一八四九年から一八五一年にかけて出版された新曲が名を連ねている点が注目される。


いつの公演ビラか？


このビラは、いつの演奏会のものであろうか？

ビラには、公演が行われた年や月、公演地が書かれていないために、判断に迷う。手がかりとなるのは、「二十二日、木曜日」という日付だけである。

ペリー遠征期間中、二十二日が木曜日にあたったのは、一八五三年九月、十二月、一八五四年六月の三回である。このうち、一八五三年九月にはミンストレル・ショー開催の記録がないので、このビラは一八五三年十二月か、一八五四年六月に行われたミンストレル・ショーのものと判断してよかろう。一八五三年十二月であれば当時ポウハタン号が停泊していた香港での公演ビラ、一八五四年六月であれば下田での公演ビラということになる。後者であれば、幕末の日本で、なんとフォスターの『草競馬』が歌われる予定になっていたことになる。

ロヴェットは、このビラを「六月二十二日木曜日に、艦隊が停泊中の下田で行われた」公演のもの、とあっさりと認めている。しかし、そう簡単に認めるわけにもいかないので、ペリーの日本遠征期間中に行われたミンストレル・ショー公演の記録を検討しながら、検証を進めていきたい。

遠征中の公演記録

ペリーは、二年に及ぶ日本遠征期間中、何度か乗組員にミンストレル・ショーの公演を行わせた。それは、乗組員に適当な息抜きを与えることは艦隊の士気を高めるうえで効果があるとの判断に基づくものであろうが、同時に、ペリー自身が、謹厳な性格にもかかわらず、意外にもミンストレル・ショーのファンだったことにもよるのであろう。すでに述べたように、彼は横浜での〈ジャパニーズ・オリオ・ミンストレルズ〉の公演を評するのに、〈クリスティー一座〉の名前を引き合いに出している。ペリーは、来日する前にニューヨークかどこかで一座の舞台に接していたのであろう。

遠征期間中、この種の催し物が最初に行われたのは、第一回目の日本遠征を目前に控えた、琉球遠征中であったらしい。ペリーは、一八五三年六月二十八日、那覇停泊中のサスケハナ号艦上に宜野座按司《ぎのざあんじ》で琉球政府摂政の尚宏勲《しょうこうくん》以下の琉球政府高官を招いて饗宴を行った。饗宴中、軍楽隊が演奏を行い、饗宴の最後にフラジオレット、オーボエ、クラリネット、ピストン付きコルネットの独奏が行われたことはすでに述べたが、琉球駐在の宣教師で当日家族ともども招待されたベッテルハイムは、このときミンストレル・ショーも行われたらしいことを日記に記している。

ミシシッピー号に行く。すべての琉球政府高官が来ていた。士官、甲板長、水兵、黒人たちが素晴らしい上演を行った。私の子供たちは、黒人たちの歌と踊りを一番喜んだ。ショーが終わるだいぶ前に帰宅した。

ベッテルハイムは、ショーが行われた艦の名前をミシシッピー号と記しているが、この点は『遠征記』の記述と食い違っている。

モリソンは、第二回来日を目前にした一八五三年から一八五四年にかけての冬の時期にペリーが香港停泊中の遠征艦隊艦上で数回のミンストレル・ショーを開催させたことを、当時の香港の新聞記事から明らかにした。

最初はサスケハナ号艦上で行われたショーであった。この公演の模様を伝える新聞記事には「去る月曜日」とあるので、公演は十二月五日に行われたのではないかと推測される。この時はサスケハナ号乗組員たちが舞台に立った。彼らは〈変人一座《トループ・オブ・ファニー・フェロウズ》〉を名乗ったことが、記事の中に記されている。ショーでは『ロブ・ロイ』と『老紳士』に基づく寸劇が上演されたほか、メンバーの中のコースィー氏がアンコールで「私はカリフォルニアに行ったI've been to California」を歌い、その後、バック氏が黒人訛りで珍妙なスピーチを繰り広げた後、“Walk your chalks Ginger blue”を歌い、さらにはダンスを披露した、と記事に書かれている。“Walk your chalks Ginger blue”というのは、すでに何度かふれた『ジンジャー・ブルー』の歌のサビの部分の歌詞である。ただし、新聞に引用された歌詞は、原詩とは少し違っている。もう一曲の歌詞として挙げられている「私はカリフォルニアに行った」が何の曲を指すのかは、まだ突き止めていない。

先に紹介したビラはこのときのものではない。上演された寸劇の内容が違っているし、サスケハナ号乗組員たちが名乗った座名も異なっている。

その後、クリスマスの直前にポウハタン号艦上でもミンストレル・ショーが行われた。新聞記事には、「昨晩」とあるだけで、詳しい日時や演目は書かれていないが、ペリーが香港から妻に宛てた一八五三年十二月二十四日付けの手紙（モリソンの伝記に所載）から、この公演が十二月二十一日に行われたことが分かる。彼の手紙には、「この間の水曜日〔二十一日〕の晩、ポウハタン号のマックルーニー大佐〔艦長〕と士官たちがとても素晴らしい余興を行ってくれた。水兵たちが、クリスティー一座の真似をしてみせたのだ。〔香港〕総督、〔英国海軍〕提督、その他の高官たちが出席し、公演は壮麗さのうちに終了した」と書かれている。残念ながら、このとき何が歌われたかは、乗組員たちの日記を見ても分からない。

モリソンは、さらに、一八五四年の元旦かその直後に、ポウハタン号乗組員たちによるミンストレル・ショーが再演されたことを記している。先に引用したペリーの手紙から推測すると、この公演は、十二月二十八日に予定されていたようである。先に引用した部分に続いて、ペリーは「この次の水曜日〔二十八日〕には、この面々〔香港総督、英国海軍提督ら一行〕が本艦〔サスケハナ号〕を訪れることになっているので、余興を実施しなければなるまい」と書いている。モリソンは、この公演の中でバルワー＝リトンの『リヨンの娘』に基づく寸劇が上演されたことを新聞記事に基づいて明らかにしている。このときの公演については、スポルディングの日記に簡単にふれられているが、演目までは記録されていない。

モリソンは、さらに、ペリー艦隊が香港を出航する前に、ミシシッピー号艦上でも同様の催し物が行われたことを指摘している。

香港滞在中に行われたこれらの公演のうち、問題のビラが関係している可能性があるのは、十二月二十一日にポウハタン号艦上で行われたミンストレル・ショーである。公演ビラとは、日付が一日ずれているが、何かの都合で、公演が一日早められたことも考えられるからである。

下田での公演

もう一つの可能性は、このビラが、一八五四年六月十六日に下田で行われたミンストレル・ショーのものである可能性である。

この日、下田停泊中のミシシッピー号艦上でミンストレル・ショーが行われたことは、日米双方の記録に記されている。問題のビラが差し挟まれていたプレブルの日記には、当日、饗宴に先だって幕府側委員たちがマセドニアン号を視察する予定が組まれていたため、艦上で一行の到着を待ち受けていたが、雨が降り出したために来艦中止となり、委員たちはミシシッピー号に直行した、と記されている。マセドニアン号は陸から一番離れた位置に停泊していたため、雨が降り出して海が荒れ始めると同時に、委員たちの来艦中止が決まったのではないかと想像される。

当日、こうした予定が組まれていたとなると、プレブルがこの公演ビラを入手して、行事に備えていた事情は充分に理解できる。

ここで問題になるのは、ビラに予告されていた公演日と公演会場が、下田で実際に行われた公演日・公演会場と大きく異なっている点である。ビラには、ショーが二十二日の木曜日にポウハタン号艦上で行われることが予告されているが、実際に下田でショーが行われたのは六月十六日の金曜日であり、それもミシシッピー号艦上で開催された。

しかし、この点はあまり問題にならないのかもしれない。横浜でも、箱館でも、ショーの開催日や会場の変更が繰り返されているからである。

横浜公演の場合、ビラには、最初、公演日時は印刷されておらず、会場のみ「ポウハタン号艦上」と印刷されていた。その後、ビラには、おそらくプレブルの手で「二十六日、日曜日」と記入されたが、実際にショーが行われたのは三月二十七日であった（会場は、予告どおり、ポウハタン号艦上）。

箱館公演の場合、ショーは予告どおりに一八五四年の五月二十九日に開催されたが、会場は、ビラに書かれた「ポウハタン号艦上」ではなく、マセドニアン号に変更された。なんらかの都合で、開催場所が変更になったのである。

したがって、このビラに記された公演日・公演会場が、実際に下田で行われたショーの日付や会場と異なっている点も、あまり気にする必要はないのかもしれない。

むしろ注目すべきは、これらのショーが開催されたタイミングである。

横浜でのミンストレル公演は、「日米和親条約」(神奈川条約)締結の目処《めど》が立った一八五四年三月二十七日に開催された。日米双方の要人たちは、その翌日、もう一度折衝を重ねたうえで、三月三十一日に条約に調印した。

箱館でのショーは、松前藩との交渉がほぼ完了した五月二十九日に行われた。ペリーは、その後、六月三日まで箱館に留まったが、これは、松前藩と協議するためではなく、江戸からの幕府役人の到着を待っていたのである。

こうした状況をみると、横浜・箱館でのミンストレル・ショーは、交渉がほぼ完了した時点で、交渉相手を招いて、慰労と交歓のために開催された、という共通した性格が浮かび上がってくる。

下田でのミンストレル・ショーが行われた翌日の六月十七日には、「神奈川条約」の補足条項である「下田条約」が締結された。六月十六日のミンストレル・ショーは、翌日の「下田条約」締結を見越したうえで開催されたものであろう。

そうであったとすれば、このビラは、下田での交渉がもっと長引くと判断された時点で印刷されたものと考えることができる。実際には、下田での交渉は想像以上に順調に進み、六月十七日には条約調印の目処が立った。そこで、ペリーは、ショーの開催予定を前倒しにして、十六日に実施したのであろう。そのように考えると、このビラが一八五四年六月に下田で予定されていたミンストレル・ショーのためのものであった可能性も充分にある。

どちらの公演ビラか？

以上のように、状況から判断する限りでは、このビラがどちらの演奏会のものであったかは判定できない。香港・下田どちらの演奏会の可能性も否定できないからである。そこで、ビラそのものの分析から問題を検討しようと思うが、それでも明確な結論は得られない。ここでは検討を要する事項に関して、問題点を箇条書き風に記すに止めたい。

開催日変更の問題

このビラが下田公演のものであったとすると、当時の日本で英文のビラが読めたのは通詞だけであったから、このビラは艦隊乗組員用に印刷されたものということになる。その場合、開催日変更の件はたいした問題とならない。乗組員たちには通常の命令系統を通じて変更を周知させればよいし、日本側には変更後の日時・場所だけを通知すればよい。現に、ペリーは横浜でも箱館でもこの種の変更を行ったが、混乱は生じなかった。それに対して、このビラが香港公演用のものであったとすると、招待客たちは英文が読めたのであるから、開催日の変更はアメリカ側にとって大きな恥辱となったに違いない。その点では下田説が有利である。ただ、その場合にも、香港説をとる立場からは、招待客には改めて開催変更通知を出せば済むことであった、との反論が出てくるであろう。ただし、そのような文書は未だに発見されていない。

ビラの入手状況

プレブルの乗艦した帆船マセドニアン号は、香港公演の翌日の十二月二十二日の晩、蒸気艦よりも一足先に香港から那覇に向けて出航した。出航前日の二十一日、プレブルは出航準備でミンストレル・ショーどころではなかったであろう。事実、プレブルの日記には、二十一日のミンストレル・ショーに関する記述はない。そうしたプレブルは、自分が出席できないことが確実な公演のビラをわざわざ保存しておいたであろうか。それに対して、下田では、プレブルは日本側応接委員をマセドニアン号に迎える準備を進めるうえからもビラを入手しておく必要があった。この点でも下田説の方が有利である。ただ、この点に関しても、香港説を取る立場からは、こうした公演ビラというものは、公演日のかなり前に配布されるものであるから、ビラを事前に入手したプレブルが日記に挟み込んでおいたとしても不思議ではない、との反論が出されよう。

座名

下田説からは、「ジャパニーズ」という形容を冠した一座の座名こそ、この公演が日本遠征中に（つまり、下田で）行われたことを物語っているとの主張がなされよう。これに対して、香港説からは、一座が日本遠征を前にしてすでに〈ジャパニーズ・オリオ・ミンストレルズ〉と名乗っていたとしても不思議ではない、との反論がなされるものと思われる。この点に関しては、香港説の方に一理あるように思われる。というのは、〈ジャパニーズ・オリオ・ミンストレルズ〉というのは、サスケハナ号乗組員たちが〈変人一座〉という座名を名乗ったのに対抗して、ダブネイ以下のポウハタン号の乗組員たちが名乗った座名と思われるからである。

ビラのデザイン

先に指摘したように、このビラには、横浜・箱館公演のビラや、これまでに発見された『日本遠征新聞』には見られない飾り文字が使われている。また、横浜・箱館公演のビラにはない花罫線も散りばめられている。緑のインクで印刷されているというのも特異な点であるし、用紙のサイズも横浜公演のものより一回り小さい。『日本遠征新聞』の文字がないのも、不思議である。

香港説に立つ者は、これこそ、このビラが陸上の印刷所で印刷された香港公演用のものである証拠である、と主張するであろう。それに対して、下田説に立つ者は、艦隊内にはそれだけの活字やインクのストックがあったのであり（ロヴェットは、この見解に立っている）、凝ったデザインは、艦隊新聞発行の経験を通じて印刷担当者がレタリングの腕前を向上させた結果であると主張するであろう。

この点に関して補足しておけば、このビラの周囲にある花飾りは、用紙にあらかじめ印刷されていた可能性がある。このビラは、花飾りがあらかじめ印刷された、いくぶん小振りの用紙をつかって印刷された可能性があるのである。『日本遠征新聞』の文字がないのも、用紙におさまりきらないために省かれた可能性がある。

開演時間

箱館公演のビラでは午後七時の開演が予告されているのに対して、このビラでは午後六時開演が予告されている。このビラが下田公演のものであったとすると、箱館公演が行われた五月二十九日よりも夏至に近い六月二十二日の公演の方が開演時間が一時間早いのは奇妙に思える。しかし、ショーの当日は開演前にさまざまな行事が予定されていたから、この時間差は問題となりそうもない。

「骨相学」に関するスピーチ

この公演では「骨相学」に関するダブネイ氏のスピーチが予告されている。英語の分からない日本人たちを相手とした下田公演に、こうした演目はふさわしかったであろうか。ただ、下田公演に招かれた林大学頭以下の幕府要人たちはすでに横浜で一度ミンストレル・ショーを見ているので、どんな演目でも喜んで受け入れる状態にあったであろうし、当夜のショーの観客の半分はアメリカ人乗組員たちであったことを考えると、この点もあまり問題とならないのかもしれない。

結局、ビラの内容を分析してみても、このビラが下田公演のものであるのか、香港公演のものであるのか、よく分からない、というのが実状である。

プログラムの継続性

そうした中で注目されるのは、プログラムの継続性の問題である。

箱館公演では、横浜公演で歌われた十二曲のうち、七曲が再演された。それに対して、問題のビラでは、横浜公演と重複している曲は一曲もない。箱館公演と共通している曲は三曲あるが、それらはいずれも箱館公演で新たにプログラムに取り入れられたものばかりである。この点が、このビラを下田公演のものとする説を有利にしているように思われる。

連続公演を行う場合、毎回、新曲を揃えるのは大変である。演奏会のたびごとに新曲を準備していたのでは、練習に時間がかかって仕様がない。そこで、会場が変わる（聴衆が代わる）たびに、他所《よそ》の会場で取り上げた旧曲をプログラムに混ぜるのが普通である。

ここで浮上してくるのが、横浜・箱館・下田で行われたショーに出席した招待客の顔ぶれの問題である。横浜公演に招待されたのは、林大学頭以下の幕府側応接委員や浦賀奉行所の面々であった。箱館公演に招待されたのは、松前藩の役人たちであった。したがって、箱館では、横浜で歌ったミンストレル歌曲のうちのかなりの数を再演して差し支えなかった。客が入れ替わったからである。ところが、下田公演の聴衆は、林大学頭以下の幕府側応接委員や下田に出張してきていた浦賀奉行所の面々であり、彼らの多くは、横浜公演にも出席していた。したがって、横浜で歌った曲を彼らの前でもう一度繰り返すのはいかにも芸がない。かといって、すべてを新曲で揃えるには、時間が足りない。そこで、下田公演では、箱館で新たにプログラムに加えられた四曲のうちの三曲を活《い》かし、横浜公演で歌った歌は外《はず》して、新たな曲を加えてプログラムを組んだ。

このビラを下田公演のものと見ると、プログラム構成の継続性に関してこのような合理的な説明がつくのであるが、香港公演のものと見るとこうした説明は意味をなさない。

こうしたところから、筆者はこのビラは下田公演のものと考えているのであるが、いかがであろうか。

『草競馬』は歌われたか？

このビラが仮《かり》に下田公演のときのものであったとして、当日のミンストレル・ショーでは、このビラに印刷された曲目が予告どおりに歌われたであろうか、という問題が残っている。

筆者は、この点に関しては楽観的に考えている。艦隊乗組員たちは、このビラを通じて当日の曲目を知っていたから、そうした乗組員たちの期待に反して、曲目が変更された可能性は低いであろう。そうであったとすれば、幕末の下田で『草競馬』が歌われた公算は極めて大きい、というのが筆者の見解である。

幕末の下田で『草競馬』が歌われたかと想像すると、なんともうれしい気分になるが、先に述べたように、この問題は、一八五三年十二月二十一日の香港公演や一八五四年六月十六日の下田公演の演目を示す史料が登場してこないことには最終的な決着が付かない。そうした史料の一日も早い出現が待たれる。

以上のように、ペリー来航時の奏楽状況を巡っては、まだまだ検討しなければならない事項がたくさん残っている。さらなる研究の進展を促《うなが》す史料の出現を待ちたい。

あとがき

横浜に上陸した軍楽隊・鼓笛隊の人数は分からない、そのとき演奏された曲目も分からない、ミンストレル・ショーで歌われた曲目も半分以上が未詳であるし、三枚目のビラの正体も今一つはっきりしない。

ないない尽くしで終わってしまった本書であるが、それでも公刊に踏み切ったのは、二〇〇三年七月のペリー来航一五〇周年を前に、読者の方々にこれまでに分かった限りのことを公表して、新たな史料や情報の提供をお願いしたかったからである。ペリー来航時の奏楽状況を明らかにする史料の存在を御存知であれば、一つでも二つでも御教示いただきたい、というのが、正直なところである。

本書の原稿を一通り書き上げた後、気晴らしに幕末関係の本を読んでいたら、面白いことに気がついた。

　文久二（一八六二）年秋、出羽庄内藩の郷士清河《きよかわ》八郎は、幕府講武所剣術教授の松平主税介《ちからのすけ》を動かし、「浪士隊」の結成を幕府に献策させた。幕府はこの献策を容《い》れて、隊士の募集を開始させた。ところが勤王攘夷思想を密《ひそ》かに抱く清河は、幕府の思惑《おもわく》をはるかに越える数の浪士を集めてきた。この浪士たちを倒幕の起爆剤に利用しようとしたのである。松平主税介は責任を取らされて浪士取締役を辞任し、後処理は鵜殿鳩翁《うどのきゅうおう》に委ねられた。

　文久三年二月、浪士隊は、将軍家茂《いえもち》上洛警護を名目に京に上った。二月二十三日に入京した一行は、壬生《みぶ》の宿舎に分宿した。二十九日、一同を壬生の新徳寺に召集した清河は、浪士隊結成の目的は朝廷を奉じて攘夷を決行することにあり、幕府の束縛は受けないことを宣言した。このとき、清河に抗弁して、袂《たもと》を分かったのが、近藤勇《いさみ》と芹沢鴨《せりざわかも》の一派であった。

　清河が牙を向いたことに驚いた幕府は、浪士隊を江戸に連れ戻し、清河を暗殺し、同志を放逐して、浪士隊を「新徴組《しんちょうぐみ》」と改組した。

　一方、京に残った近藤・芹沢一派は「新選組」を結成した。この後、近藤勇・土方歳三《ひじかたとしぞう》らは、芹沢一派を粛清して新選組の実権を握り、浪士取り締まりにあたったが、彼らが一躍名を上げたのが、元治元（一八六四）年六月に起こった「池田屋騒動」であった。

「池田屋騒動」と同年七月の「禁門の変」の後、近藤勇は、隊士の補充を兼ねて、副長助勤の永倉新八らを連れて江戸に向かった。江戸に戻った近藤は、松前藩脱藩の永倉のコネを活《い》かして、松前藩公用方の遠藤又左衛門に会い、次いで老中で松前藩主の松前伊豆守崇広《たかひろ》に面会して、長州征伐に向けての将軍の上洛を説いた。このとき、近藤は、伊豆守から幕府には金が無いことを聞いて、大息したという。

こうした幕末の記録を読んでいて面白く思うのは、鵜殿鳩翁も、遠藤又左衛門も、ペリーの来航時、西洋の音楽を聞いていた点である。鵜殿鳩翁とは、ペリー第二回来航時、幕府側応接委員を務めた鵜殿民部少輔《みんぶのしょうゆう》の隠居後の名前にほかならない。彼は、一八五四年三月八日のペリー横浜初上陸の時に軍楽隊・鼓笛隊の演奏を聞いているし、横浜や下田で行われたミンストレル・ショーにも出席していたはずである。遠藤又左衛門は、ペリーの箱館来航時、松前藩用人としてペリーの応接にあたった人物である。艦隊付きの写真家ブラウンの撮った又左衛門の写真が残っているが、顔の長い、実直そうな人物である。彼は、箱館でのミンストレル・ショーに出席したはずである。

洋楽流入の話をしていると、よく、「初めて聞く西洋音楽に対して、日本人はどのように反応したのですか？」と質問される。こうした質問に答えながらも、初めて西洋音楽を聞いた日本人がその場でどのような反応を示したかという問題も重要だが、そうした西洋音楽体験が、その後の人生にどのような影響を与えたかという問題も重要ではないか、と腹の中で考えていることがある。鵜殿鳩翁や遠藤又左衛門の洋楽体験は、彼らの人生の中でどのような影響を及ぼしたのであろうか。その体験は、清河八郎や近藤勇との接触の中でどのように活かされたのであろうか。そうしたことを想像してみるのも、興味深い。

本書刊行に際しては、お茶の水女子大学名誉教授で放送大学元教授の堤精二先生に、御尽力いただいた。心から御礼を申し上げたい。

参考文献のうち、かなりの史料が放送大学附属図書館に収蔵されていたのは幸いであった。その他の資料は、横浜開港資料館、国立音楽大学附属図書館（音楽関係）、ワシントンのアメリカ議会図書館、ボストンのマサチューセッツ歴史協会を利用させていただいた。バルワー゠リトンの『リヨンの娘』の原本は日本大学文理学部図書館から借用した。関係諸機関の御協力に感謝したい。

二〇〇一年二月

笠　原　　潔

参考文献

〈アメリカ側一次資料〉

『遠征記』：*Narrative of the Expedition of an American Squadron to the China Seas and Japan, performed in the years 1852, 1853 and 1854, etc.*, 3 vols., Washington D.C., 1856-1858. 邦訳に、『ペルリ提督　日本遠征記』（一）～（四）、土屋喬雄・玉城肇訳、岩波書店（岩波文庫）、一九四八～一九五五年、オフィス宮崎編訳、『ペリー艦隊大航海記』、全三巻、栄光教育文化研究所、一九九七年、ほか数種類がある。

ウィリアムズ：ウェルス・ウィリアムズ、『ペリー　日本遠征随行記』、洞富雄訳、雄松堂書店、『新異国叢書』八、一九七〇年。

『日記』：M・C・ペリー、『ペリー　日本遠征日記』、金井圓訳、雄松堂書店、『新異国叢書』第二輯一、一九八五年。

ハイネ：ヴィルヘルム・ハイネ、『ハイネ　世界周航日本への旅』、中井晶夫訳、雄松堂、『新異国叢書』第二輯二、一九八三年。

スポルディング：J.W. Spalding, *The Japan Expedition, Japan and around the World*, Redfield, N.Y., 1855.

スプロストン：Shio Sakanishi (ed.), *A Private Journal of John Glendy Sproston U.S.N.*, 1940, 2nd

ed.：Sophia University, Tokyo, 1968.
プレブル：Boleslaw Szczesniak (ed.), *The Opening of Japan, a Diary of Discovery in the Far East*, Norman, Oklahoma, 1962.
マコーリー：Allan B. Cole (ed.), *With Perry in Japan—The Diary of Edward York McCauley*, Princeton, 1942.
ベッテルハイム：William Leonard Schwartz (ed.), "Commodore Perry at Okinawa. From the Unpublished Diary of a British Missionary", *American Historical Revue*, Vol. LI, 1946.
Bayard Taylor, *A Visit to India, China and Japan*, New York, 1855.
John S. Sewall, *Logbook of the Captain's Clerk*, 1905.
Allan B. Cole (ed.), *A Scientist with Perry in Japan : The Journal of Dr. James Morrow*, Chapel Hill, North Carolina, 1947.
Henry F. Graff (ed.), *Blue Jackets with Perry in Japan*, New York, 1952.（マセドニアン号乗り組みのJ・R・C・ルイスと、ヴァンダリア号乗り組みのW・B・アレンの日記）。

〈日本側一次資料〉

『古文書』：東京帝国大学文科大学史料編纂掛編纂、『大日本古文書』幕末外交関係文書之一〜七、附録一、一九一〇〜一九一三年。覆刻版、東京大学史料編纂所、一九七二〜七三年（『古文書』一、『古文書』付録一、のように表記）。

『維新』：東京大学史料編纂所蔵版、『大日本維新史料』第二編ノ三〜四、一九四一〜一九四三年。覆刻版、東京大学史料編纂所、一九八五年（『維新』二―三、のように表記）。

『奉行所』：横須賀史学研究会編、『浦賀奉行所関係史料』、第二集、一九六九年、第四集、一九七二年（『奉行所』二、のように表記）。

「随聞積草」：「随聞積草（金駅日記）」、神奈川県図書館協会郷土資料集成編纂委員会編、『未刊横浜開港史料』、神奈川県図書館協会、一九六〇年。復刊、『黒船来航と横浜』、横浜郷土研究会、一九九三年。

「渡来日記　石川本」：「亜墨理駕船渡来日記（石川本）」、石野瑛編、『亜墨理駕船渡来日記』、武相考古会、一九二九年、所収。

「渡来日記　添田本」：「亜墨理駕船渡来日記（添田本）」、石野瑛編、『亜墨理駕船渡来日記』、武相考古会、一九二九年、所収。

『亜墨利加一条写』：小嶋又次郎、『亜墨利加一条写』、函館郷土文化会、一九五三年。

「箱館夷人談」：平尾魯仙、「箱館夷人談」、『函館市史』史料篇第一巻、一九七四年、所収。

松平春嶽全集編纂刊行会編、『松平春嶽全集』、初版一九四二年、覆刻版一九六三年、原書房（『明治百年叢書』）。


〈図像史料〉


『来航譜』：大久保利謙監修、松平乗昌・岩壁義光解説、『黒船来航譜』、毎日新聞社、一九八八年。

「（福田本）米艦渡来紀念ノ図」（横浜開港資料館蔵）、横浜開港資料館、『たまくす』第四号、一九八六年。

『来朝図絵』：樋畑雪湖編、『樋畑翁輔遺案　米国使節波理提督来朝図絵』、一九三一年。

〈二次文献〉

モリソン：Samuel Eliot Morison, *'Old Bruin', Commodore Matthew C. Perry*, An Atlantic Monthly Press Book, Boston etc., 1967.

ロヴェット：Robert W. Lovett, "The Japan Expedition Press", *Harvard Library Bulletin*, Vol.XII, No.2, 1958.

Hans Nathan, *Dan Emmett and the Rise of Early Negro Minstrelsy*, Norman, Oklahoma, 1962.

Charles Hamm, *Yesterdays, Popular Song in America*, New York and London, 1979.

ウィナンズ：Robert B. Winans, "Early Minstrel Show Music, 1843-1852", in Glenn Loney (ed.), *Musical Theatre in America*, Westport, Conneticut etc., 1984.

Walter R. Whittlesey and O.G.Sonneck, *Catalogue of First Editions of Stephen C. Foster (1826-1864)*, Washington D.C. 1915, repr. New York, 1971.

The Music of Stephen C. Foster, A Critical Edition, prepared by Steven Saunders and Deane L. Root, 2 vols., Washington D.C. and London, 1990.

〈『リヨンの娘』〉

The Dramatic Works of Sir Edward Bulwer Lytton, Bart., 2 vols., Leipzig, 1860.

著者紹介

一九五一年、東京都に生まれる
一九七六年、東京大学教養学部教養学科フランス科卒業
一九八一年、東京大学大学院人文科学研究科美学芸術学専攻博士課程中途退学
現在、放送大学助教授
主要著書
音楽の歴史と音楽観　西洋音楽の歴史

歴史文化ライブラリー
119

黒船来航と音楽

二〇〇一年(平成十三)六月一日　第一刷発行

著　者　笠《かさ》原《はら》　潔《きよし》
発行者　林　英男
発行所　株式会社 吉川弘文館
東京都文京区本郷七丁目二番八号
郵便番号一一三―〇〇三三
電話〇三―三八一三―九一五一〈代表〉
振替口座〇〇一〇〇―五―二四四
印刷＝平文社　製本＝ナショナル製本
装幀＝山崎　登

歴史文化ライブラリー

1996.10

刊行のことば

現今の日本および国際社会は、さまざまな面で大変動の時代を迎えておりますが、近づきつつある二十一世紀は人類史の到達点として、物質的な繁栄のみならず文化や自然・社会環境を謳歌できる平和な社会でなければなりません。しかしながら高度成長・技術革新にともなう急激な変貌は「自己本位な刹那主義」の風潮を生みだし、先人が築いてきた歴史や文化に学ぶ余裕もなく、いまだ明るい人類の将来が展望できていないようにも見えます。このような状況を踏まえ、よりよい二十一世紀社会を築くために、人類誕生から現在に至る「人類の遺産・教訓」としてのあらゆる分野の歴史と文化を「歴史文化ライブラリー」として刊行することといたしました。

小社は、安政四年（一八五七）の創業以来、一貫して歴史学を中心とした専門出版社として書籍を刊行しつづけてまいりました。その経験を生かし、学問成果にもとづいた本叢書を刊行し社会的要請に応えて行きたいと考えております。

現代は、マスメディアが発達した高度情報化社会といわれますが、私どもはあくまでも活字を主体とした出版こそ、ものの本質を考える基礎と信じ、本叢書をとおして社会に訴えてまいりたいと思います。これから生まれでる一冊一冊が、それぞれの読者を知的冒険の旅へと誘い、希望に満ちた人類の未来を構築する糧となれば幸いです。

吉川弘文館

〈オンデマンド版〉
黒船来航と音楽

On Demand
歴史文化ライブラリー
119

2017年（平成29）10月1日　発行

著　者　笠《かさ》原《はら》　潔《きよし》
発行者　吉川道郎
発行所　株式会社　吉川弘文館
〒113-0033　東京都文京区本郷7丁目2番8号
TEL　03-3813-9151〈代表〉
URL　http://www.yoshikawa-k.co.jp/

印刷・製本　大日本印刷株式会社
装　幀　清水良洋・宮崎萌美

笠原　潔（1951～2008）

ISBN978-4-642-75519-1